D1931206

Suttner · Für Deutschland am Ball

Jupp Suttner

Für Deutschland am Ball

Limpert

Bildnachweis:
Albrecht 2
Bias 2
Fiederer 18
Hartung 2
Horstmüller 3
Joch 1
Kicker-Sportmagazin 1
Nordbild 1
Pfeil 1
Schirmer 6
Schmidtpeter 1
Simon 28
VSW 1
Werek 12

1. Auflage 1977

Umschlagentwurf: Wulf Weiß, Frankfurt
Gesamtherstellung: Ernst Kaufmann, Lahr
Printed in Germany

ISBN 3 7853 1261 X

Inhaltsverzeichnis

Vorwort

Fußball — wer wollte da widersprechen — ist exakt der Stoff, aus dem die Träume sind: der Tabellenführer träumt davon, diese Position bis zum letzten Spieltag halten zu können; der Tabellenletzte träumt davon, den Klassenerhalt doch noch zu schaffen; der Mittelfeldplazierte träumt davon, einen gewaltigen „Durchmarsch" an die Spitze starten zu können; der Nachwuchs-Kicker träumt davon, ein zweiter Franz Beckenbauer zu werden; Fans träumen davon, einmal Bundestrainer spielen zu können.
Auch dieses Buch hier ist nichts anderes als eine Träumerei — die Träumerei, wie denn eine deutsche Nationalmannschaft aussehen würde, in der die besten Fußballspieler dieses Landes in einem einzigen Team vereint wären. Die Weltmeister von 1954 also, die WM-Vierten von 1958, die Vize-Weltmeister von 1966, die WM-Dritten von 1970, die Europameister von 1972, die Weltmeister von 1974, die Vize-Europameister von 1976. Und natürlich all' jene Nationalspieler, die bereits vor 1954 den DFB repräsentierten.
Keine leichte Aufgabe, wie die Einführungsgeschichte auf den folgenden Seiten beweisen wird. Und vor allem: eine höchst subjektive Angelegenheit! Subjektivität freilich muß sein in einem solchen Fall und der Autor bittet deshalb alle Leser: nicht böse sein, wenn Ihr ganz persönlicher Liebling fehlen sollte... Dies gilt sowohl für den Abschnitt des Buches, der die Zeit seit 1954 behandelt — als auch für jenen, der auf das Fußballgeschehen bis 1954 eingeht.
Den Lesern wünsche ich auf alle Fälle viel Spaß beim Studieren der Text- und Bild-Porträts. Und all' jenen — voran den Archivaren, Sekretärinnen und Redakteuren des „kicker-sportmagazin" —, die mir beim Zustandekommen dieses Buches Unterstützung zuteil werden ließen, möchte ich an dieser Stelle herzlichst danken.
München, im Sommer 1977
Jupp Suttner

Traum am Tresen

Mütze und Schal waren schwarz-rot-gold, desgleichen die Fahne, die der Fan an die Theke gelehnt hatte. Man schrieb 1998 und der Juli-Tag zeigte sich von der heissesten Seite, so daß jedermann verstand, daß der Fußball-Anhänger, der sich neben seine Fahne an den Tresen lehnte, nach einem kühlen zischenden Bierchen verlangte.
„Na", sagte sein Nachbar an der Bar, „werden wir das Ding heute nach Hause schaukeln?". Der Angesprochene zuckte ratlos mit den Schultern. „Was weiß ich", erwiderte er, „was kann man schon im voraus sagen, wie ein Fußball-Weltmeisterschafts-Endspiel verlaufen wird..."
„Da hast Du verdammt mal recht", sagte der andere, genehmigte sich einen tiefen Schluck und fragte erneut: „Das erste Endspiel mit einer deutschen Nationalmannschaft, bei dem Du original dabei bist?".
Jetzt hatte auch der Fahnen-Fan sein Pils bekommen. Sanft blies er in die Schaumkrone und schüttelte dann bedächtig den Kopf: „Nein, nein, ich war schon bei vielen Endspielen dabei. 1954 in Bern gegen Ungarn vor dem Radio, 1966 gegen England in London vor dem Fernseher und 1974 in München gegen Holland sogar direkt im Stadion. Auch 1976 war ich dabei, als wir in Belgrad gegen die Tschechoslowakei um die Europameisterschaft spielen mußten. Wir verloren damals nach Verlängerung und Elfmeterschießen. Ich dachte damals, jetzt wär' alles zu Ende, jetzt würde es nur noch bergab gehen mit dem deutschen Fußball. Mußt Du Dir mal vorstellen – gegen die Tschechen verlieren! Ging mir lange nach, dieses Ding..."
„Mir auch", sagte der andere, „ich soff während des anschließenden Adria-Urlaubs so viel, daß mich seitdem die Leber zwickt. Und Magenkrämpfe! Mannomann – immer wenn ich an dieses Elfmeter-Ding dachte, zog sich bei mir drin alles zusammen..." „Und mit ging's sogar im Traum nach", berichtete der mit der schwarz-rot-goldenen Mütze, „ich hab' wochenlang davon geträumt – fast jede Nach!". „Und – haben wir im Traum wenigstens gewonnen?" „Und ob! Wir haben die Tschechen weggeputzt, daß es eine wahre Pracht war!". „Und der Hoeneß hat in Deinem Traum wohl keinen Elfmeter verschossen, was?" „Herrje, der Hoeneß – der hat bei mir doch gar nicht mitgespielt! Mein Traum-Team, das hatte eine ganz, ganz andere Aufstellung! In dieser Mannschaft spielten die besten deutschen Fußballer

aller Zeiten in einer einzigen Elf! Und weißt Du, wer der Trainer war? Mein Team, das hatte zwei Trainer, beide gleichberechtigt: der eine hieß Sepp Herberger — und der andere Helmut Schön!"

„Wirklich Mann, das kann ein toller Traum gewesen sein! Der ‚Weise' und der ‚Lange' als Gespann — da muß ja eine Supermannschaft auf's Feld laufen! Und wie hast Du in Deinem Traum die Mannschaft aufgestellt?" „Das hab' nicht ich gemacht, obwohl es mich — ehrlich gesagt — verdammt gereizt hätte. Aber Du weißt ja, wie das mit Träumen so ist: man hat irgendwie keinen Einfluß drauf, was man träumt. Ich war nur Beobachter, nicht mehr." „Und was hast Du beobachtet?" „Willst Du's wirklich hören?" „Ja wirklich, ich möcht's hören. Ich geb' Dir auch ein Bier aus, ehrlich!" „Na gut, also: in meinem Traum hatte Deutschland wieder mal ein bedeutendes Fußball-Endspiel erreicht. Trainer des Teams waren — das hab' ich Dir ja schon gesagt — der Herberger und der Schön, beide absolut gleichberechtigt. Sie feilschten und berieten sich um die Mannschaftsaufstellung, wer dieses Finale bestreiten sollte. ‚Wir haben 16 Super-Stars', sagte der Lange. ‚Der Ball ist rund', sagte der Weise. 16 Ball-Artisten — aber nur elf davon dürfen gleichzeitig für Deutschland stürmen und verteidigen! Mußt Du Dir mal vorstellen, dieses Dilemma: mit welcher Formation beginnen? Wer soll später — wenn überhaupt — eingetauscht werden?"

„Und wie ist das Problem gelöst worden", fragte neugierig jener, der dem Erzähler inzwischen das versprochene Bier hinstellen hatte lassen. „Tja", sagte der, „das war so..." Und dann erzählte er seine Geschichte, denn sein Bier hatte er ja inzwischen bekommen und was erzählt der Mensch nicht alles für ein kühles Bier und überhaupt: es war dies ja ein Traum, den er gerne erzählte, ein Traum, der sich bei ihm so und nicht anders abgespielt hatte...:

... Die beiden gleichberechtigten Trainer-Bosse ziehen die beiden gleichberechtigten Spielführer zu Rate: „Fritz, wen sollen wir hinein tun?", fragt Herberger den einen Kapitän, der auf den Familiennamen Walter hört. „Franz, wen sollen wir herauslassen?", fragt Schön den anderen Kapitän, den die Leute „Kaiser" nennen, der aber in Wirklichkeit Beckenbauer heißt.

Der Vierer-Rat tagt unverzüglich — und bereits zwei Minuten später steht die Abwehr fest: Sepp Maier im Tor; Berti Vogts und Karl-Heinz Schnellinger in der Verteidigung; Franz Beckenbauer als Libero; Willi Schulz als Vorstopper.

Nun gilt es Mittelfeld und Sturm zu besetzen — ein delikates Problem, zweifelsohne. Daß Fritz Walter in der Dreier-Kette des Mittelfeldes agieren wird, ist keine Frage. Aber wer steht ihm zur Seite? Günter Netzer oder Wolfgang Overath oder Helmut Haller? Einer der drei muß weichen! Vielleicht sogar zwei, denn — auch im Sturm gibt's Probleme! Helmut Rahn und Hans Schäfer als Außenstürmer — keine Frage. Aber der Mittelstürmer? Gerd Müller

oder Uwe Seeler? Vielleicht den Bayern vornelassen und den Hanseaten im Mittelfeld rackern lassen?
„Keine schlechte Lösung", hebt Schön den Zeigefinger, „das habe ich schon 1970 bei der Weltmeisterschaft in Mexiko so praktiziert und es hat wunderbar geklappt!"
Also gut — uns Uwe geht zurück und der Fritz Walter steht fest. Wer wird die beiden ergänzen? Overath, der Weltmeister von 1974? Haller, der Vize-Weltmeister von 1966? Oder Netzer, der Europameister von 1972?
„Egal, wen wir bringen", mutmaßt Beckenbauer, „die Presse wird uns immer zerreißen! Wenn der Netzer fehlt, laufen sie am Niederrhein Sturm; wenn der Overath fehlt, steinigen sie uns am restlichen Rhein; und wenn der Haller fehlt, haben wir sämtliche Schwaben und seine Frau am Hals!"
„Scheen", sagt Schön, „das ginge ja alles noch. Aber was werden die Journalisten schreiben, wenn wir ohne Tilkowski, Höttges, Weber, Held, Emmerich, Libuda, Brülls, Grabowski, Wimmer, Heynckes, Hoeneß, Schwarzenbeck, Bonhof, Hölzenbein, Flohe und Erwin Kremers auf den Platz laufen?!"
„Und nicht zu vergessen", wendet Fritz Walter ein, „welche Lawine der Empörung über uns hinwegrollen wird, weil wir auf die 54er-Weltmeister Turek, Posipal, Kohlmeyer, Eckel, Liebrich, Mai, Morlock — und sogar auf meinen Bruder Ottmar verzichtet haben!"
„Den Paul Janes aus Düsseldorf habt Ihr noch vergessen", zieht Herberger das Gesicht in Falten, „der hat immerhin 71 Länderspiele für Deutschland gemacht! Und Ernst Lehner von Schwaben Augsburg ist auch 65mal in's Nationaltrikot geschlüpft, der Herbert Erhardt aus Fürth 50mal, Kitzinger und Kupfer aus Schweinfurt zusammen 88mal und Horst Szymaniak immerhin 43mal!"
Ein arges Kreuz ist's halt bei dieser Riesenauswahl — aber nur elf Mann dürfen mitkicken. Das große Sieb ist bereits geschüttelt, die „Traum-Elf" steht in ihren weitesten Zügen. Doch die Fatalität bleibt bestehen: Netzer, Haller, Overath — zwei dieser drei sind zuviel an Bord! „Wir müßten beim Fußball-Weltverband FIFA durchsetzen, daß eine Elf künftig aus 13 Spielern besteht!", schlägt Fritz Walter vor. „Am besten, wir losen aus!", ist Helmut Schön verzweifelt. „Mir ist es eigentlich schon fast egal", gibt Beckenbauer zu, „denn Overath, Netzer und Haller sind ja keine Münchner." Und Herberger philosophiert: „Der Ball ist ja wirklich rund..."
Früher Morgen ist's schon und über dem deutschen WM-Quartier in der hübschen Sportschule Malente liegt dichter Nebel, von dem Eingeweihte später behaupten werden, daß sie darin den guten Geist von Spiez hin- und herhuschen gesehen hätten. Und als die ersten samtigen Sonnenstrahlen sich Bahn durch dieses zähe Dickicht brechen, fällt im Konferenzraum die Entscheidung: in geheimer Abstimmung wird das Mittelfeld und mit ihm das gesamte Team nominiert: Die Aufstellung lautet:

Tor	Sepp Maier (Bayern München)
Verteidiger	Berti Vogts (Mönchengladbach) und Karl-Heinz Schnellinger (Düren, Köln, Rom, Mailand)
Vorstopper	Willi Schulz (Günnigfeld, Schalke, Hamburger SV)
Libero	Franz Beckenbauer (Bayern München)
Mittelfeld	Fritz Walter (Kaiserslautern) und Uwe Seeler (Hamburger SV) und Wolfgang Overath (1. FC Köln)
Rechtsaußen	Helmut Rahn (Rot-Weiß Essen, 1. FC Köln)
Mittelstürmer	Gerd Müller (Bayern München)
Linksaußen	Hans Schäfer (1. FC Köln)

Auf der Ersatzbank müssen vorerst folgende Stars Platz nehmen:

Tor	Toni Turek (Fortuna Düsseldorf)
Verteidigung	Paul Breitner (Bayern München/Real Madrid/Braunschweig)
Mittelfeld	Günter Netzer (Mönchengladbach/Real Madrid) und Helmut Haller (BC Augsburg/FC Bologna/Juventus Turin)
Angriff	Max Morlock (1. FC Nürnberg)

„Junge", sagte der Bier-Spendierer, „eine wirklich schöne Mannschaft. Die ‚Katze von Anzing' ist dabei, der ‚Rasenmäher aus Gladbach', der ‚Blonde Italiener', der ‚Kaiser', der ‚Worldcup-Willi', der ‚Große Fritz', der ‚Dicke', der ‚Boß', der ‚Bomber' – nur einen hast Du vergessen, und zwar müßte unbedingt noch mit in das Team hinein der ..."
„Whowh, jetzt fängst Du auch noch damit an! Ich hab' Dir doch gesagt, daß ich selbst keinerlei Mitspracherecht bei der Mannschaftsaufstellung hatte! Ich hätte auch vielleicht noch den einen oder anderen gebracht, aber es war halt nur ein Traum und auf Träume hat man halt keinen so riesigen Einfluß!"
„Hast recht", nickte der Kritiker, bezahlte das Bier für den Träumer und nahm sich vor, demnächst auch mal einen solchen Traum haben zu wollen. ‚Aber in meinem Traum', dachte er bei sich, ‚da werde ich all' die bringen, die dieser Typ vergessen hat! Wär' doch gelacht, wenn auch ich keinen Einfluß auf meine Träume hätte...'

62 Wiesbaden-Klarenthal
Paul-Lazarus-Straße 2

Deutscher Fußball-Bund

Der Bundestrainer

August 1977

Sehr geehrter Herr Suttner,

eine "ewige deutsche Nachkriegs-Elf" zu nominieren, ist sicher sehr reizvoll. Doch obschon es durchaus Spaß bereitet, mit diesem Gedanken zu spielen, so sehr betrachte ich es auch als eine Spielerei, denn: es ist tatsächlich sehr schwer, eine beste Mannschaft des deutschen Nachkriegs-Fußballs aufzustellen.

Größtes Hindernis ist dabei meines Erachtens die Tatsache, daß man dabei allzu leicht Spieler vergißt, die zumindest so wertvoll sind wie die von Ihnen genannten.

Bitte, haben Sie deshalb Verständnis dafür, daß ich mich zu der Aufstellung nicht im einzelnen äußern und keinen Kommentar geben möchte. Und so verbleibe ich

mit freundlichen Grüßen

Ihr

Sepp Maier:

Geburtsdatum	28. Februar 1944
Spiel-Position	Torhüter
Verein	Bayern München
Bundesligaspiele	405 bis Ende der Saison 1976/77
Länderspiele	76 bis Ende der Saison 1976/77
Größte Erfolge	WM-Teilnahme 1966 (als Reserve-Keeper hinter Tilkowski nicht zum Einsatz gekommen); WM-Teilnahme 1970 (3. Platz); EM-Teilnahme 1972 (Europameister); WM-Teilnahme 1974 (Weltmeister); EM-Teilnahme 1976 (2. Platz); Deutscher Meister mit Bayern München in den Jahren 1969, 1972, 1973 und 1974; mit Bayern München deutscher Pokalsieger in den Jahren 1966, 1967, 1969 und 1971; mit Bayern München Europacup-Sieger der Pokalsieger (1967); mit Bayern München Europacup-Sieger der Landesmeister in den Jahren 1974, 1975 und 1976; mit Bayern München Weltpokal-Sieger (1976); Deutschlands „Fußballer des Jahres“ (1975 und 1977).
Hobby	Tennis und Schnupftabak
Spitzname	„Die Katze von Anzing“
Autogramm-Adresse	Sepp Maier, Birkenweg 6, 8011 Anzing

Die Katze von Anzing

Wenn der FC Bayern logiert, dann stets im ersten Haus am Platz. So war's auch in Kassel vor einigen Jahren und man konnte nicht sagen, daß Sepp Maier sich in dem Hotel etwa unwohl gefühlt hätte. Nur ein's fehlte ihm – außer seiner Gemahlin natürlich. . . – zum vollendeten Übernachtungsglück: ein Radiogerät! Und weil mit Musik halt alles besser geht, begehrte der Sepp bei der Reception nach einem Radio. Vergeblich – mit derlei Sonderwünschen konnte der Chefportier nicht aufwarten! „Ja mei", meinte da der Sepp, „dann schicken's mit doch bitt'schön jemand ‚rauf, der mir was vorsingen kann..."
„Mensch, Maier!", schütteln da bei dieser Geschichte die einen den Kopf – das sind jene, die der Max-Merkel-These nachhängen, daß Torhüter und Linksaußen bekanntlich eine Macke haben würden. „Mensch, der Maier!", staunen die anderen, ihrer Bewunderung für Maiers Schlagfertigkeit freien Lauf lassend. „So ist er halt, der Sepp...", sagen sie schließlich in München, denn dort kennen sie ihn, dort schätzen sie ihn, dort verehren sie ihn. Das Foto, auf dem ein kniender Fan mitten auf dem grünen Rasen die betenden Hände zum Torwart-Ido emporhebt, ging um die ganze Welt. Dem Sepp sind derlei Verehrungs-Kuriosa freilich peinlich. Bester Beweis: als Bayern-Libero Franz Beckenbauer seinen Torwart in einem Spiel bereits des öfteren zusammengestaucht hatte – drohte der dem „Kaiser", mit ihm dasselbe zu machen wie besagter Fan mit Maier: „Franz, wennst nicht endlich still bist, knie ich mich jetzt gleich vor 40 000 Leuten vor Dir nieder und bitte Dich öffentlich um Verzeihung!"
Der Keeper und sein „Kaiser" – das war schon immer ein Kapitel für sich. Trauerte der Torwart, als Beckenbauer im Sommer 1977 zu New York Cosmos wechselte, in einem „kicker"-Interview:
„Wir spielen jetzt 18 Jahre zusammen – wir waren 15, als wir uns bei einem Jugend-Match zum erstenmal getroffen haben. Irgendwie war es wie in einer Ehe: wir haben uns gemocht, und wir haben uns gestritten. Das ist wie mit meiner Frau: mal schimpfe ich, mal meine Frau... Der Abschied von Franz ist so, wie wenn ein Familienmitglied das Haus verläßt."
Dementsprechend sollte auch das Abschiedsgeschenk ausfallen: „Der Franz wird von mir ein Busserl bekommen – aber dabei lassen wir uns natürlich

nicht zuschauen! Wir zwei werden abseits von den anderen eine Minute lang Genossen spielen – Breschnew und Kossygin..."

Sepp Maier gehörte auch zu den Wenigen, die zugaben, daß sie ein derartiges Angebot sofort und ohne mit der Wimper zu zucken angenommen hätten: „Für diese Haufen Dollars", sagte er, „würde ich sogar nach Amerika schwimmen – und wahrscheinlich wär' ich schon unterwegs, damit ich rechtzeitig zum ersten Spiel nach New York käme..."

Mit 15 also hat Josef Dieter Maier – so sein voller Name – den Franz Beckenbauer kennengelernt. In der Saison 1964/65 – also rund fünf Jahre später – kickten sie zum erstenmal gemeinsam in der „Ersten" des FC Bayern.

„Damals", weiß „kicker"-Redakteur Walter Setzepfandt, „war Sepp der Clown der Mannschaft, der zum Gaudium seiner Mitspieler Vitaminzäpfchen aß." Ergänzt Setzepfandt, einer der besten Maier-Kenner innerhalb der deutschen Sportjournaille: „Aber inzwischen ist er längst zum Showmaster aufgestiegen. Seine Gags kommen an – egal, ob er in Kaiserslautern einen Schwerbeschädigten mit dessen Wagen aus der Schußlinie hinter dem Tor schiebt oder in Düsseldorf mit einem scharfen Polizeihund scherzt. Sepp Maiers Einfälle sind selten berechnet, sondern kommen meist spontan wie es auch seine Kündigung vor Jahren nach der Niederlage gegen Duisburg war, die den Bayern die Meisterschaft kostete."

Einen Gag will der Sepp sich bis zum Ende seiner Karriere aufheben und der geht so: „Ich habe mit meinem Freund Hannes Löhr vom 1. FC Köln vereinbart, daß ich ihm eines Tages einfach den Ball zurollen werden – und er wird dann nicht auf's Tor hauen, sondern einfach eine Rückgabe machen..."

In Maier nur den Gaudiburschen oder einen „bayrischen August" zu sehen, wäre ziemlich falsch. Von Spontanität schrieb Setzepfandt und das ist etwas, was Klamauk-Humor im Tortenwerfer-Stil quasi ausschließt. Klimbim gibt's bei Maier höchsten Schiedsrichtern gegenüber und das ist dann auch gar nicht so lustig gemeint: „Wenn mir Unrecht widerfährt – dann drehe ich durch. Ich muß mir Luft verschaffen können, brauche ein Ventil."

Im Falle des Schiedsrichters „Eschweiler", der in Berlin fünf Minuten vor Spielende einen unberechtigten Elfmeter zugunsten von Hertha BSC pfiff, mußte Cramer den stocksauren Maier nach Spielende zum „Sportgruß" in der Spielfeldmitte zwingen. „Gottlob", sagt Maier, „gibt es eine Situation wie in Berlin nicht alle Tage, sonst wäre ich längst reif für die Nervenheilanstalt. Mein Temperament und mein Engagement für die Sache würden mir einen Streiche spielen."

Mit den Nerven einigermaßen fertig war Sepp Maier auch bei einer früheren Begegnung bei Rot-Weiß Essen: da hatte ihm ein jugendlicher Fanatiker ein Klappmesser über die Aschenbahn bis in's Tor hinein geschleudert.

Wenn Sepp Maier von Engagement spricht, dann ist dies mehr als eine hohle

Bälle, die der Sepp mal hat, läßt er sich nicht so leicht wieder wegnehmen – dazu ist der Münchner Nationaltorhüter viel zu ehrgeizig...

Phrase. Für ein paar Millionen Mark nach Amerika schwimmen – das ist die eine Seite. Die andere ist die: Sepp Maier würde mit Sicherheit auch dann dem runden Leder nachjagen bzw. in seinem Kasten stehen, wenn er kein Geld dafür beköme, sondern noch nach jedem Match zwei Mark für's Trikotwaschen berappen müßte. Tadelte er beispielsweise im Herbst 1971 den damaligen Olympia-Amateur Uli Hoeneß und dessen Busenfreund Paul Breitner, als die beiden mehr Moneten von den Bayern forderten: „Hoeneß ist sicher ein ungeheuer begabter Spieler, aber er soll mit seinen 19 Jahren auf dem Boden der Tatsachen bleiben. In diesem Alter soll er in erster Linie an den Erfolg und erst in zweiter Linie an die Kasse denken. Meine Meinung ist, daß Hoeneß und auch Breitner froh sein können, bei uns zu spielen. In einer anderen Mannschaft wären sie wahrscheinlich nicht so groß. Uli sollte erst mal den sportlichen Erfolg vor Augen haben!"

Sportlicher Erfolg – Sepp Maier hat ihn gehabt:

Er wurde in die Jugend-Nationalmannschaft berufen, wo im selben Jahrgang Leute wie Overath, Libuda, Patzke, Weber, Wild und Elfert den DFB-Nachwuchs repräsentierten.

Von Maier bis Wentorf

Die Torhüter des DFB, die von 1908 bis Ende der Saison 1976/77 in die Nationalmannschaft berufen wurden:

Anzahl d. Spiele	Name	Verein	Zeitraum
76	Maier Sepp	FC Bayern München	1966-1977
39	Tilkowski Hans	Westf.Herne/Bor. Dortm.	1957-1967
38	Jakob Hans	Jahn Regensburg	1930-1939
21	Herkenrath Fritz	Rot-Weiß Essen	1954-1958
21	Stuhlfauth Heinrich	1. FC Nürnberg	1920-1930
20	Turek Anton	Fortuna Düsseldorf	1950-1954
17	Buchloh Fritz	VfB Speldorf	1932-1936
17	Jahn Helmuth	Berliner SV 92	1939-1942
17	Klodt Hans	FC Schalke 04	1938-1941
16	Kreß Willibald	RW Frankf./Dresdner SC	1929-1934
13	Werner Adolf	Holstein Kiel/Vict. Hambg.	1909-1912
13	Wolter Horst	Eintracht Braunschweig	1967-1970
10	Fahrian Wolfgang	TSG Ulm 46	1962-1964
10	Sawitzki Günther	SV Sodingen/VfB Stuttg.	1956-1963
7	Ertl Georg	Wacker München	1925-1927
6	Jürissen Willy	Rot-Weiß Oberhausen	1935-1939
6	Kleff Wolfgang	Borussia M'Gladbach	1971-1973
6	Raftl Rudolf	Rapid Wien	1938-1940
5	Bernard Günther	Schweinf.05/Werder Bremen	1962-1968
4	Ewert Fritz	1. FC Köln	1959-1964
4	Franke Bernd	Eintracht Braunschweig	1973-1977
4	Kwiatkowski Heinz	Borussia Dortmund	1954-1958
4	Manglitz Manfred	MSV Duisburg/1. FC Köln	1965-1970
4	Dr. Zörner Carl	SC 99 Köln	1923
3	Adam Karl	TuS Neuendorf	1951-1952
3	Kargus Rudolf	Hamburger SV	1975-1977
3	Kubsch Heinz	FK Pirmasens	1954-1956
3	Lohrmann Theodor	SpVgg Fürth	1920-1922
3	Nigbur Norbert	FC Schalke 04	1974
3	Schmidt Christian	Conc.95 Berlin/Stuttg. Kick.	1910-1913
3	Weber Albert	Vorwärts Berlin	1912
2	Eichelmann Paul	Union 92 Berlin	1908
2	Gehlhaar Paul	Hertha BSC Berlin	1928-1931
2	Hofmeister Ludwig	FC Bayern München	1912-1914
2	Platzer Peter	Admira Wien	1939
2	Schneider Johannes	VfB Leipzig	1913
2	Sonnrein Heinrich	Hanau 93	1935-1936
2	Wentorf Hans	Altona 93	1928

(Die Torhüter mit je 1 Berufung finden Sie auf Seite 104!)

Strafraum-Beherrschung ist das A und O für einen guten Keeper – Sepp Maier hat den Überblick, den ein Klasse-Torhüter hierzu benötigt!

Er wurde in die Amateur-Nationalmannschaft berufen: viermal zwar nur – aber da setzte es gleich drei Siege ab, zwei davon ohne Gegentor.
Er wurde in die „richtige" Nationalmannschaft berufen, so oft wie kein deutscher Torhüter zuvor: 3. bei der Weltmeisterschaft 1970, Europameister 1972, Weltmeister 1974, Vize-Europameister 1976.
Er wurde zu einem der Bayern-Stars: Deutscher Pokalsieger, Deutscher Meister, Europacup-Sieger der Pokalgewinner, Europacup-Sieger der Landesmeister, Weltpokal-Gewinner.
Er wurde von den Journalisten geehrt: 1975 und 1977 wählten ihn die schreibenden Experten bei der „kicker"-Wahl zu „Deutschlands Fußballer des Jahres". Er wurde von den Fans geehrt: 1977 wählten ihn die Leser der gleichen Zeitung zum „beliebtesten deutschen Torwart".
Bei der Weltmeisterschaft 1966 in England war der Torhüter, der so oft mit Karl Valentin verglichen wird, auch schon mit von der Partie, allerdings nur als Ersatzmann, denn erste Wahl war seinerzeit der heutige Bundesligatrainer Hans Tilkowski. Und Ersatzmann – das ist eine Rolle, die dem Maier Sepp überhaupt nicht liegt. Schrieb er in der Programmzeitschrift „hör zu": „Ich bin einer der schlechtesten Reservisten, die es gibt. Meiner Umwelt

möchte ich einen Sepp Maier auf der Ersatzbank nicht zumuten. Ich wäre kaum zu ertragen, liefe mit langem Gesicht herum, wäre grantig und würde mit meiner schlechten Laune die Atmosphäre vergiften. Sicherlich spricht das nicht für mich. Aber, ehrlich gefragt, was soll ich denn machen? Ich gehöre nicht zu den Menschen, die im Sport so gut schauspielern können – ich kann einfach nicht gegen mein Naturell an!"
Maiers Naturell – damit ist das psychische Element gemeint. Vom physischen Standpunkt aus betrachtet, präsentiert es sich weitaus robuster: 183 Zentimeter groß ist der Sepp und im Jahre 77 wog er 77 Kilogramm – das sind zweifelsohne ideale Keeper-Maße. Den Strafraum überblickt er wie ein Adler, die Bälle pflückt er geschickt herab wie ein Orang-Utan sich seine Bananen; in's Getümmel stürzt er sich mit dem Mut eines Löwen. Das alles zusammen ergibt dann die „Katze von Anzing", wie der Sepp sich selbst nennt, „weil ein Torwart einen g'scheiten Namen braucht und mein Haus sowie mein Tennis-Park in Anzing stehen." Nach dem knappen 1:0-Erfolg über Polen, der bei der Weltmeisterschaft 1974 den Einzug in's Finale sicherte, hieß Maier allerdings nicht die „Katze von Anzing", sondern der „Held von Frankfurt". Ohne Sepps Super-Paraden wären seine „Feldspiel"-Kameraden bei dieser Regenschlacht am Ende vermutlich wie begossene Pudel dagestanden: Maiers makellose Leistung rettete den Sprung in's Finale und damit wohl auch den Weltmeister-Titel. Die Polen-Partie war vermutlich die größte seiner bisherigen Laufbahn, die alles andere als kurz zu nennen ist. Exakt 76mal stand der Münchner zwischen dem 4. Mai 1966 (4:0-Sieg in Dublin über Irland) und dem Ende der Saison 1976/77 im Tor der deutschen Nationalmannschaft. In der Saison 1976/77 absolvierte er auch sein 400. Bundesligaspiel für den FC Bayern – in zwölf Jahren fehlte Sepp nur dreimal!
Was dem Sepp – der Trainer Cramer den Spitznamen „Laufender Meter" verlieh – in seiner Sammlung noch fehlt, ist eine von ihm besungene Solo-Schallplatte. Er ließ sich lieber von den Münchner Bayern-Fans besingen, die einen Hit des für den Lokalrivalen TSV 1860 im Tor stehenden Petar Radenkovic („Bin i Radi, bin i König...") einfach in's Gegenteil umkehrten: „Bin i Radi, bin i Depp – König ist der Maier Sepp..."
Mindestens fünfmal in seiner Karriere war Maier freilich alles andere als ein König: beispielsweise als er je siebenmal den Ball aus dem Netz holen mußte (gegen den 1. FC Nürnberg, gegen den 1. FC Kaiserslautern und gegen Schalke 04), als Bayern 0:5 in Amsterdam gegen Ajax unterlag und als er gegen den AC Mailand einen schweren Fehler beging, der die Niederlage einleitete. In Amsterdam feuerte der Sepp seine Keeper-Klamotten aus dem Kabinen-Fenster und in Mailand zertrümmerte er sämtliche Tassen, die im Umkleideraum auffindbar waren. „Heute würde ich das nicht mehr tun, denn ich bin ein bißchen reifer geworden." Und deswegen keinen Deut schlechter natürlich. Er sagt: „Ich bin wie Whisky: je älter, desto besser..."

Hier ist Platz
für ein
Autogramm von
Sepp Maier

Berti Vogts:

Geburtsdatum	30. Dezember 1946
Spiel-Position	Außenverteidiger
Verein	VfR Büttgen und Borussia Mönchengladbach
Bundesligaspiele	379 bis Ende der Saison 1976/77
Länderspiele	82 bis Ende der Saison 1976/77
Größte Erfolge	WM-Teilnahme 1970 (3. Platz); EM-Teilnahme 1972 (Europameister), WM-Teilnahme 1974 (Weltmeister), EM-Teilnahme 1976 (2. Platz); Deutscher Meister mit Borussia Mönchengladbach in den Jahren 1970, 1971, 1975, 1976 und 1977; Deutscher Pokalsieger mit Borussia Mönchengladbach (1973); UEFA-Cup-Sieger mit Borussia Mönchengladbach (1975); Endspielteilnahme im Europacup der Landesmeister mit Borussia Mönchengladbach (1977), wo man dem FC Liverpool unterlag; Deutschlands „Fußballer des Jahres" (1971).
Spitzname	„Terrier", „Rasenmäher der Nation".
Autogramm-Adresse	Berti Vogts, Menzelstraße 20, 4044 Kaarst-Büttgen

Berti Vogts:
Ein Kapitän auf Erfolgskurs.

Die Karriere von Berti Vogts ist das Paradebeispiel für einen Spitzenfußballer, der weiß, auf was es ankommt: Einsatz, Zähigkeit, Umsicht, Zuverlässigkeit und Kameradschaft. Diese Eigenschaften haben Berti Vogts zum Verteidiger des 5-fachen Deutschen Meisters Borussia Mönchengladbach und auch zum Kapitän der Deutschen Nationalmannschaft gemacht. Seine PUMA-Fußballschuhe haben wesentlich dazu beigetragen.

SPORTIVE WERBUNG · MÜNCHEN

...denn PUMA macht's mit Qualität.

PUMA

F 15/N/77

Rasenmäher der Nation

Da stehen sie jetzt also nebeneinander: links der große Beckenbauer, den sie als „Kaiser" bewundern; rechts, einen Schritt nur daneben, der kleine Vogts, den die Fans als „Berti" lieben. Man schreibt den 21. Mai 1977. Ort der Handlung: die Katakomben des Münchner Olympiastadions.
Es ist 15.22 Uhr und in rund 500 Sekunden wird Schiedsrichter Biwersi aus Bliesransbach die Bundesliga-Partie zwischen dem FC Bayern München und Borussia Mönchengladbach anpfeifen. Es ist dies kein gewöhnliches Punktespiel: für den „Kaiser" ist es die letzte Begegnung im Dreß des FC Bayern München – und für den „Terrier", wie Vogts auch schon genannt wurde, geht es um die Deutsche Meisterschaft der Saison 1976/77.
Blaß sind sie beide, sowohl der „Künstler", als auch der „Malocher". Und nervös sind sie auch, wen wundert's. Trotzdem darf die Stimmung mit „freundlich", wenn nicht sogar mit „herzlich" bezeichnet werden, als der Unparteiische die beiden Mannschafts-Kapitäne um die Unterschrift auf den Spielberichtsbogen bittet.
Der „Kaiser" signiert den grünen Bogen, Berti hingegen läßt sich ein bißchen Zeit damit. Scherzhaft zückt Biwersi deshalb die Gelbe Karte: „Beeilung, wenn ich bitten dürfte!"
„Zeigen's ihm doch gleich die Rote Karte!", fordert Beckenbauer, ohne eine Miene zu verziehen, „dann g'winnen wir nämlich leichter!"
„Mensch Franz!", kontert Vogts, „ich hab' doch noch nie die Rote Karte bekommen!"
Beckenbauer: „Ich auch nicht!"
Vogts: „Du Vorbild, Du!"
Beckenbauer: „Bist ja selber ein Vorbild, Berti..."
Und da hat Beckenbauer natürlich völlig recht: ein Vorbild – das ist der Berti allemal! Man stelle sich nur mal vor: immer Abwehrspieler sein, also immer zerstören müssen – und nie eine Rote Karte! Immer den gefährlichsten Mann des gegnerischen Teams bewachen – und nie eine Rote Karte! Immer um alles kämpfen müssen – und nie eine Rote Karte!
Rob Rensenbrink, holländischer Torjäher des belgischen Supercup-Gewinners RSC Anderlecht, hat das mal so ausgedrückt: „Vogts ist für mich der beste Abwehrspieler der Welt. Man kann ihn einmal, zweimal, vielleicht

auch dreimal ausspielen, doch er gibt nie auf und behält am Ende meistens die Oberhand. Und was mir an dem Deutschen noch mehr imponiert, ist die Tatsache, daß er sich immer bemüht, fair zu spielen. Das ist gerade im internationalen Spitzenfußball eine Seltenheit, wo die Abwehrspieler ihre Gegner mit allen Mitteln auszuschalten versuchen – und dabei keinerlei Rücksicht auf deren Knochen nehmen!"

Dabei ist es alles andere als leicht, im Duell mit wieselflinken und raffinierten Stürmern im Rahmen der erlaubten Grenzen zu bleiben. Vogts ist ein knallharter Bursche, ein „Terrier" wie gesagt, der verdammt lästig werden kann. Die Klette aus Gladbach ist wirklich nicht zimperlich und er schont, wie es im Jargon so schön heißt, weder sich noch seinen Gegner. Doch der Berti kennt die Grenze und ab einem bestimmten Moment heißt's bei ihm „Stopp!". Das liegt vielleicht unter anderem auch daran, daß „Der Rasenmäher der Nation", wie ein Reporter es einst formulierte, sich vermutlich stärker als andere der Tatsache bewußt ist, daß Fußball ein Beruf, daß demzufolge auch ein Kick-Gegner im Grunde nichts anderes als ein Berufskollege ist.

Berti Vogts selbst verdankt dem Fußball viel zu viel, als daß er hochmütig diesen Punkt übergehen und dadurch die bewußten Grenzen überspringen könnte. Er, der mit 13 die Mutter und mit 14 den Vater verlor; er, der in seiner Werkzeugmacher-Zeit einen Geschmack von Alltagsarbeit und kleinen Brötchen vermittelt bekam – einer wie er kennt das Leben viel zu gut, als daß er es leichtsinnig aus der Hand gleiten ließe.

Berti Vogts auf dem grünen Rasen – das kennt jeder. Am kürzesten und dennoch treffendsten hat ihn Gerd Müller beschrieben, der Münchner Mittelstürmer, der in der Nationalmannschaft mit Vogts Weltmeister wurde und der in Klubspielen mit Bayern München stets von ihm beschattet wurde. Müllers Formel über Vogts: „Er ist ein Naturereignis!"

Doch bekanntlich hat auch die Natur ihre Launen. Auf's Spielfeld übertragen bedeutet das bei Berti: nicht immer klappt's mit Glanz und Gloria (wie beispielsweise gegen Johan Cruyff im Weltmeisterschafts-Endspiel 1974 in München) – bisweilen sind auch schwarze Stunden zu verzeichnen. Sowas kommt vor, auch bei Berti, schließlich ist er kein Roboter.

Eine der schwarzen Stunden, von denen auch Vogts nicht verschont blieb, spielte sich wenige Tage nach der Partie in München ab, wo Beckenbauer den kleinen Blonden mit den blauen Augen als Vorbild bezeichnet hatte und in der das Vorbild dann Deutscher Meister wurde: die schwarze Stunde fand 90 Minuten lang in Rom statt, beim Europacup-Finale zwischen Borussia Mönchengladbach und dem FC Liverpool.

Bei den Briten wirbelte ein Knirps namens Keegan und er machte mit Vogts quasi was er wollte. Bekannte Willi Schulz – von dem in diesem Buch auch noch die Rede sein wird – voller Mitleid in einem Kommentar für „Die Welt": „Den größten Eindruck hinterließ bei mir der ‚Opfergang' von Berti

Berti Vogts ist zwar „Fuß''-ball-Spieler – aber gelegentlich nimmt er schon auch die Hand zur Hilfe, wie hier gegen den Jugoslawen Popivoda.

Vogts. Denn ich weiß, wie einsam und verlassen ein Abwehrspieler in einem so entscheidenden Spiel sein kann, wenn er gegen einen Weltklassestürmer wie Kevin Keegan antreten muß... und – obwohl man sein Bestes gibt, ihn doch nie entscheidend bremsen kann. Um einen internationalen Star wie Keegan, der in jeder Situation einen neuen Einfall hat, wirkungsvoll zu bekämpfen, bedarf es der Hilfe der gesamten Mannschaft. Aber Berti wurde in Rom alleingelassen."

Das schreckliche Spielchen, das mit Berti da im bella Italia getrieben wurde, war eine Erfahrung, die jeder Abwehr-Crack mal machen muß. Weiß „World-cup-Willi" Schulz zu berichten: „Ich kenne die Angst eines Abwehrspielers vor dem nächsten Zweikampf, wenn man schon vorher fühlt, daß man ihn verlieren wird. Am liebsten möchte man weglaufen oder sich verstecken wie

Wenn der „Rasenmäher der Nation" sich den Ball erkämpft hat, leitet er sofort einen Gegenangriff ein. Berti kämpft buchstäblich bis zum Umfallen!

alle anderen. Denn im gleichen Maße, wie man resigniert, bekommt der Gegenspieler Aufwind. Ich habe in meiner 14jährigen Profilaufbahn beispielsweise fünfmal gegen Pele gespielt. Meistens erfolgreich. Aber ein Spiel, 1965 in Rio gegen Brasilien (wir verloren vor 150 000 Zuschauern 0:2), werde ich wohl nie vergessen. An dem Tag konnte ich machen, was ich wollte, Pele war nicht zu packen. Getragen von der Begeisterung seiner Landsleute steigerte er sich in einen Spielrausch. Er führte mich regelrecht vor. Und das Teuflische und Deprimierende war: hatte ich mir dann endlich den Ball erkämpft, folgte prompt ein Fehlpaß, weil ich jegliche Konzentration durch das Hinterherlaufen verloren hatte. Als Spieler ist einem dann alles egal. Ich hatte damals in Rio nur den einen Wunsch: hoffentlich pfeift der Schiedsrichter bald ab."

Der Leser möge diesen langen Vorgriff auf das Schulz-Kapitel innerhalb des Vogts-Abschnittes verzeihen – aber Willis Worte kennzeichnen äußerst treffend die Situation, die sich einem Mann wie Vogts präsentieren kann. Resümee des Hamburgers: „Das Finale in Rom war für Vogts eine Erkenntnis, wie sie bisher alle großen Spieler gemacht haben. Ob Pele, Beckenbauer, Netzer oder Overath: solange sie immer auf's Neue Rückhalt, Denker oder Lenker ihrer Mannschaft sind, ist alles in bester Ordnung. Aber wehe, sie benötigen selbst mal Hilfe und Unterstützung – dann sind sie die einsamsten Menschen in der prallgefüllten Fußball-Arena!"

Der einsamste Mensch im Stadion – Berti hat also auch diese Station innerhalb seiner Kick-Karriere erfahren müssen. Doch er hat's sicher verwunden, so wie er alles verwunden hat, was sich ihm als Hindernis in den Lebensweg stellte. Vogts ist keiner, der leicht aufsteckt, das wissen alle hierzulande. Und deshalb mögen sie ihn auch so gerne – nicht nur hierzulande. Vogts ist eine Art Anti-Star, was das Gehabe anbetrifft. Bei ihm spürt jeder, daß er kein „Wunderknabe" ist, sondern einer, der sich alles zäh und beharrlich aufgebaut hat. Dem Stehplatzbesucher fällt es leicht, sich mit diesem Energiebündel zu identifizieren. „Der macht was für sein Geld", heißt es, und wenn einer was macht, dann nimmt ihm auch keiner die Höhe des Lohnes übel. Im Gegenteil: bei Vogts denkt niemand an's Geld.

Daß Vogts Nachfolger von Franz Beckenbauer in der Rolle des Kapitäns für die deutsche Nationalmannschaft wurde, war eine geradezu logische Konsequenz. Schließlich ist Berti ein Vorbild – hat sogar der „Kaiser" konstatiert.

BERTI VOGTS

4046 BÜTTGEN
Sudermannstraße 20

09.08.77

Sehr geehrter Herr Suttner,

recht herzlich möchte ich mich für die Berücksichtigung meiner Person in Ihrem Fußball-Buch bedanken.
Die gewiß nicht einfache Aufgabe, eine "Deutsche Nachkriegs-Elf" aufzustellen, haben Sie, meiner Meinung nach, vortrefflich gelöst!
Nur würde ich, wenn Sie mir diese Bemerkung gestatten, die Position des Willi Schulz mit Rainer Bonhof besetzen.

Ich wünsche Ihnen viel Erfolg mit Ihrem Buch und verbleibe
mit freundlichen Grüßen

Berti Vogts

Hier ist Platz
für ein
Autogramm von
Berti Vogts

Karl-Heinz Schnellinger:

Geburtsdatum	31. März 1939
Spiel-Position	Abwehrspieler
Verein	SG Düren 99, 1. FC Köln, AC Mantua, AS Rom, AC Mailand und Tennis Borussia Berlin
Länderspiele	47 zwischen 1958 und 1971
Größte Erfolge	WM-Teilnahme 1958 (4. Platz); WM-Teilnahme 1962 (im Viertelfinale ausgeschieden); WM-Teilnahme 1966 (2. Platz); WM-Teilnahme 1970 (3. Platz); Deutscher Meister mit dem 1. FC Köln (1962); Italienischer Cup-Sieger mit AS Rom (1964) und AC Mailand (1972); Italienischer Meister mit AC Mailand (1968); Europacup-Sieger der Landesmeister mit AC Mailand (1969); Deutschlands „Fußballer des Jahres“ (1962); Mitglied einer Weltelf gegen England (1963).
Spitzname	„Don Carlos“, „Der blonde Italiener“
Autogramm-Adresse	Karl-Heinz Schnellinger, Residenza Trefili, App. 822, Milano 2, 20090 Segrate, Italien

Don Carlos

47 Länderspiele bestritt Karl-Heinz Schnellinger im deutschen National-Trikot, das sind immerhin 4230 Minuten – die Verlängerungen noch gar nicht mitgerechnet. Daß gelegentlich über die normale Spielzeit hinaus weitergekickt werden mußte, lag – zumindest in einem Fall – an dem blonden Westfalen selbst. In dieser Partie, von der gleich näher die Rede sein wird, handelte es sich allerdings um kein „Muß", sondern um ein „Dürfen" – und das kam so:

Fußball-Weltmeisterschaft 1970 in Mexiko. Mit 0:2 liegt die deutsche Nationalmannschaft gegen Titelverteidiger England zurück – und ertrotzt sich noch einen 3:2 Sieg nach Verlängerung. Der Gegner im Halbfinale, der Widersacher um den Einzug in's Endspiel, heißt Italien. Das deutsche Mittelfeld dirigieren der Kölner Wolfgang Overath – und der Münchner Franz Beckenbauer, bei dieser WM noch nicht auf dem Libero-Posten, da die Hintermannschaft mit dem Tandem Willi Schulz/Karl-Heinz Schnellinger ohnehin ein starkes Gespann besitzt. Schnellinger – das ist jener Deutsche, der seine Fußball-Brötchen jenseits des Brenners im bella Italia verdient. Beim AC Mailand ist er der große Star, die Fans vergöttern ihn – doch heute muß er gegen seine „Alltags-Fans" agieren, heute spielt er nicht für Mailand, sondern gegen Italien.

1:0 führen die Azzuri bereits in der 7. Minute und 91 Minuten lang rennen die Deutschen diesem Rückstand hinterher. Bald wird der Schlußpfiff kommen! Die 92. Minute ist bereits angebrochen: verzweifelt flankt der Frankfurter Jürgen Grabowski in die Mitte – doch dort, wie aus dem Erdboden gestampft, steht goldrichtig der „italienische Deutsche" Karl-Heinz Schnellinger, zieht flach ab – 1:1! Ausgerechnet er zwingt die Nation, die ihn als blonden Ausländer fast vergöttert, in die Verlängerung! Daß die Partie noch mit 3:4 und somit auch die Final-Teilnahme verloren geht, raubt dem Schnellinger-Ausgleich nicht den geringsten Hauch an Symbolik: 4230 Minuten für Deutschland am Ball, nur ein einziger Tor-Erfolg in 47 Länderspielen – und den ausgerechnet gegen die Azzuri...

Jener Einschuß in der 92. Minute des 17. Juni 1970 zu Mexiko-City half kräftig mit, die Legende um den sagenhaften Abwehr-Crack in's Mystische zu steigern – in Italien liebt man Mystik. Und so darf es eigentlich nicht

weiter verwundern, daß jene 1:1-Szene heutzutage für kommerzielle Zwekke ausgenützt wird. Im italienischen Werbefernsehen beispielsweise ist seit einiger Zeit ein Spot mit Schnellingers 1:1-Ausgleichstreffer zu sehen: „Grabowski... Schnellinger... Tor! 1:1 in der letzten Minute!", überschlägt sich die Stimme des italienischen Fernseh-Kommentators. Auf dem Bildschirm werfen sich die deutschen Spieler begeistert über den Torschützen, wuchten ihn empor. Rascher Schnitt – Schnellinger ist plötzlich in Zivil zu sehen, umgeben von einer Kollektion herrlichster Farbfernsehgeräte. In picobello italienisch erklärt er dem TV-Konsumenten: „Sie sahen eben das Spiel zweier großer Mannschaften. Heute präsentiere ich Ihnen eine neue große Mannschaft – jene der Farbfernseher von Wega. Natürlich made in Germany!" Wega – zum Sony-Konzern gehörend – ist der neue Brötchengeber Schnellingers, der nach wie vor in Mailand residiert, wo er eine Eigentumswohnung in der Trabantenstadt „Milano due" besitzt.
Das 1:1 gegen Italien zahlt sich für Schnellinger also auch heute noch aus – in Italien! Vielleicht liegt's auch daran, daß der Ausgleichs-Treffer zwar eine Verlängerung, aber kein Aus bedeutete, also daran, daß Italien ja trotzdem noch gewann. Wußte Schnellinger im Frühjahr 1977 dem „kicker"-Chefredakteur Karl-Heinz Heimann anläßlich einer „Fußball-Magazin"-Reportage zu berichten: „Das Tor hat mir keineswegs geschadet – im Gegenteil! Der Respekt, den ich mir hier schon geschaffen hatte, wurde eher noch größer. Die Italiener haben ein ungemein feines, fast empfindsames Gespür dafür, wie man sich engagiert. Ich habe mich hier stets für meinen Klub eingesetzt, habe meine Pflicht für den AC Mailand getan. Wenn ich dann in der deutschen Nationalmannschaft spielte, war ich ebenso voll engagiert und stellte mich völlig in den Dienst für Deutschland – das hat man hier akzeptiert. Nicht auszudenken jedoch, wenn ich in Mexiko in der letzten Minute am Tor vorbeigeschossen hätte, dann wäre mir bestimmt Absicht unterstellt worden. Man hätte mir sicherlich vorgeworfen, dafür bezahlt worden zu sein. Wenn der AC Mailand gegen einen deutschen Klub im Europapokal spielen mußte – wie seinerzeit gegen Bayern München oder dem Hamburger SV – wehrte unser Trainer Rocco diesbezügliche Journalisten-Fragen immer ab: ‚Um meinen Deutschen habe ich keine Angst!'. Ich habe es in meinem Leben immer so gehalten, mich voll und ganz für jede Aufgabe einzusetzen, die ich übernommen habe."
Voller Einsatz: das bedeutet bei Karl-Heinz Schnellinger auf dem grünen Rasen ein Maximum an erlaubter Härte, ein kompromißloses Kopfballspiel, ein ausgefuchstes Stellungsspiel und eine „bombige" Schlagsicherheit. Schnellingers gegnerische Stürmer merkten meist recht bald, wo der Bart'l den Most holt. Daß mit „Kalle" nicht gut Kirschen essen war, muß hier als Auszeichnung verstanden werden: je saurer die Kirschen, desto besser sozusagen der Abwehrspieler. Bestes Beispiel hierfür bietet der Münchner Bayern-Vorstopper Georg „Katsche" Schwarzenbeck: zu seiner besten Zeit

hieß es, daß Eltern unartigen Kindern einbleuen würden: „Wenn's net brav seid's – dann kommt der Schwarzenbeck!" Ob Schnellinger diese bayrische Drohung wohl auch schon mal gegenüber seinen Töchtern Birgit, Daniela und Katrin ausgesprochen hat...?
Trotz Schnellingers „gesunder Härte", wie man das so zu nennen pflegt, war er alles andere als ein Rauhbein, vermutlich schon deshalb, weil er früh kapierte, daß Fußball ein Geschäft und Fußballer demzufolge Geschäftskollegen sind. Außerdem: ein „Rauhbein" würde nie und nimmer jene Ehrungen erfahren, wie Karl-Heinz Schnellinger sie entgegennehmen durfte: 1962 Deutschlands „Fußballer des Jahres" bei der Journalisten-Umfrage des „kicker", sowie 7. Platz bei der Abstimmung „Deutschlands Sportler des Jahres". Ebenfalls 1962 wurde er von einer italienischen Zeitung als linker Verteidiger in eine (theoretische) Welt-Elf „berufen". Gleichfalls 1962 erhielt Schnellinger – von einer anderen italienischen Zeitung – den „Oscar" als bester linker Verteidiger Europas.
Am 23. Oktober 1963 spielte er in London als linker Verteidiger in der Partie England gegen den „Rest der Welt".
Nach Abschluß der Saison 1963/64 wählten ihn 34 europäische Fachreporter zum besten linken Verteidiger jener Spielserie.
Am 22. September 1963 durfte er in der Europa-Auswahl mitkicken, die in Belgrad zugunsten der Erdbebenopfer von Skopje ein Benefiz-Spiel gegen Jugoslawien austrug.
Am 28. April 1964 spielte er in der FIFA-Auswahl mit, die in Stoke zu Ehren des Engländers Stan Matthews gegen dessen Klub Stoke City antrat. Schnellingers Gegner: kein Geringerer als Matthews selbst!
1966 schließlich durfte er – nach dem verlorenen Weltmeisterschafts-Finale gegen England – im Londoner Wembley-Stadion die Silbermedaille aus der Hand von Königin Elisabeth II. entgegennehmen und bald darauf gemeinsam mit seinen Nationalmannschafts-Kameraden das „Silberne Lorbeerblatt" von Bundespräsident Heinrich Lübke.
Die großen Ehrungen und Ehren also Mitte der sechziger Jahre; das berühmte 1:1 im Jahre 1970; Abschluß der Karriere Mitte der siebziger Jahre – der Leistungsbogen des Karl-Heinz Schnellinger spannt sich über mehrere Generationen hinweg!
Das erste Länderspiel beispielsweise bestritt der am 31. März 1939 in Düren geborene (damalige) Gymnasiast mit 19 Jahren: es war dies bereits eine Partie im Vorfeld der Weltmeisterschaft 1958 und der Gegner hieß Tschechoslowakei. Zwar setzte es in Prag eine 2:3 Niederlage ab, aber von einem „Fehlstart" konnte keine Rede sein. Eine Pressestimme: „Öfter als einmal verhinderte der junge Schnellinger in der Abwehr große Torgelegenheiten der Tschechen und seiner Einsatzbereitschaft war es zu verdanken, daß das Spiel nur knapp verloren ging!"
Der Sprung in den WM-Kader, die Teilnahme in Schweden 1958, war damit

In der letzten Minute der regulären Spielzeit erzielte Karl-Heinz Schnellinger das 1:1 gegen Italien im WM-Halbfinale von 1970. Verlängerung!

geschafft. Schnellingers „Spielgefährten": die 54er-Weltmeister Eckel, Horst, Fritz Walter, Helmut Rahn, Hans Schäfer.
Zum Vergleich – und zur Dokumentierung der Generationen-Behauptung" – seine Mit-Kicker bei der 12 Jahre später stattfindenden Mexiko-WM. Maier, Vogts, Beckenbauer, Grabowski, Gerd Müller, Held – um nur einige von heute noch aktiven Balltretern zu nennen.
Am eklatantesten: als Schnellinger in der Saison 1974/75 als 36jähriger seine Karriere beim Berliner Bundesligisten Tennis Borussia beendete, hatte er in etlichen Punktekämpfen gegen Stürmer anzutreten, die noch gar nicht geboren waren, als er bereits sein erstes Länderspiel bestritten hatte!
Zum erstenmal ein Klub-Dreß übergestreift hatte Schnellinger sich als 11-jähriger und zwar jenes der SG Düren 99. Für diesen Verein bestritt er am 12. Oktober 1957 seine erste repräsentative Aufgabe – ein Amateur-Länderspiel gegen England.
Nach dem Ende der Saison 1957/58, also nach der WM, wechselte der große Blonde zum 1. FC Köln über, mit dem er 1960 im Finale um die Deutsche Meisterschaft dem Hamburger SV mit 2:3 unterlag, jedoch das Endspiel der Saison 1961/62 gegen den 1. FC Nürnberg mit 4:0 gewann.

AN DIE REDAKTION
DES BUCHES "Für
DEUTSCHLAND AM BALL"

Mailand 1.8.1977

Sehr geehrter Herr Suttner.

Die Idee eine ewige Nachkriegself aufzustellen, finde ich sehr interessant.

Natuerlich wird es nicht leicht sein, allen gerecht zu werden, weil die Auswahl gross ist und vor allen Dingen, weil mancher guter Spieler in einer Mannschaft spielte, die nicht an Europaischen oder Weltspielen teilnahm und sich deshalb nicht so in den Vordergrund spielen konnte.

Um so mehr erfreut es mich, in dieser Elf einen Posten gefunden zu haben, da ich ja die meiste Zeit, speziell in den besten Jahren fuer einen Fussballer, im Ausland taetig war.

Hieraus ersehe ich, dass der auslaendische Fussball auch in Deutschland verfolgt wurde, und sie sicher mich nicht nur nach den Leistungen in der deutschen National-Elf beurteilt haben.

Ich dank Ihnen, wuensche Ihnen viel Erfolg mit Ihrem Buch und gruesse Sie. Herzlichst

Jhr K.-H. Schnellinger

Wenig verheißungsvoll verlief der Start in der Serie 1963/64: Schnellinger verletzte sich in einer Partie gegen 1860 München am linken Knie und mußte lange Zeit pausieren – was den 1. FC Köln schwer traf: die Rheinländer unterlagen nämlich im Europacup gegen Dundee mit 1:8, was mit Schnellinger in der Abwehr wohl nie passiert wäre. Trainer Tschik Cajkovski beim Rückflug von Schottland: „Am besten, Flugzeug stürzen ab..."
Gottlob ging Tschiks unfrommer Wunsch nicht in Erfüllung, denn 1963/64 wurde die deutsche Bundesliga installiert und Köln schnappte sich auf Anhieb den Meister-Titel – allerdings ohne Schnellinger! Der nämlich hatte inzwischen den Weg nach Italien beschritten, wo ihn AS Rom für eine da-

mals astronomische Summe von 1,12 Millionen Mark vom 1. FC Köln abgelöst — und gleich im ersten Jahr an den AC Mantua verliehen hatte. Erst die darauffolgende Saison stand Schnellinger im Sold des „eigentlichen Käufers" AS Rom — allerdings nur ein Jahr, denn: die Römer hatten sich finanziell übernommen und waren nun gezwungen, zu Beginn der Saison 1965/66 ihren deutschen Star für eine blanke Million Mark an den AC Mailand „weiterzureichen". Die Mailänder wiederum konnten sich diesen Transfer nur leisten, indem sie gleichzeitig ihren Südamerikaner Altafini für 3,5 Millionen Mark an den Lokalrivalen Inter transferierten. Beim AC Mailand — mit dem er von der nationalen Meisterschaft bis zum Weltpokal quasi alles holte, was es zu holen gab — stand er bis zur Saison 1973/74 im Team, ehe als Karriere-Abschluß das Berliner Intermezzo 1974/75 folgte.
Von 1958 bis 1975 — das sind 17 Jahre Profi-Fußball. Daß es in dieser Spanne „nur" zu 47 Einsätzen im Nationaltrikot reichte, ist sicherlich auf den langjährigen Auslandsaufenthalt zurückzuführen. „Legionäre" haben es immer schwerer, doch ein Zurückgreifen auf sie hat dem DFB noch selten zum Nachteil — aber zumindest in einem Fall zu einer Verlängerung gereicht...

Hier ist Platz
für ein
Autogramm von
Karl-Heinz Schnellinger

Franz Beckenbauer:

Geburtsdatum	11. September 1945
Spiel-Position	Libero
Verein	Bayern München
Bundesligaspiele	396 bis Ende der Saison 1976/77 (dabei 43 Tore erzielt)
Länderspiele	103 bis Ende der Saison 1976/77
Größte Erfolge	WM-Teilnahme 1966 (2. Platz); WM-Teilnahme 1970 (3. Platz); EM-Teilnahme 1972 (Europameister); WM-Teilnahme 1974 (Weltmeister); EM-Teilnahme 1976 (2. Platz); Deutscher Meister mit Bayern München in den Jahren 1969, 1972, 1973 und 1974, Deutscher Pokalsieger mit Bayern München in den Jahren 1966, 1967, 1969 und 1971; Europacup der Landesmeister mit Bayern München in den Jahren 1974, 1975 und 1976; Europacup-Sieger der Pokalsieger (1967); Weltpokal-Sieger (1976); Deutschlands „Fußballer des Jahres" in den Jahren 1966, 1968, 1974 und 1976, Europas „Fußballer des Jahres" (1972).
Spitzname	„Der Kaiser"
Autogramm-Adresse	Franz Beckenbauer, Sarnen/Schweiz

Der Kaiser

„Franz Beckenbauer bleibt.", schrieb die „Süddeutsche Zeitung" in einem „Streiflicht" und fuhr fort: „Zwar bleibt er wohl nicht bei Bayern, nicht in Deutschland und nicht in der Nationalelf. Aber er bleibt unser ‚Kaiser Franz', bleibt auch als Export unser Nationalheiligtum und Botschafter des deutschen Sports in der großen Welt. Noch hängen die Ohren des Bundestrainers und die Fahnen der Bayern-Fans auf halbmast, noch schaut Fußball-Deutschland verloren ins Leere und die in ihren Träumen nun auf Vorstopper Schwarzenbeck angewiesene deutsche Frau weint leise in ihr Kopfkissen. Doch wenn wir alle unsere Fassung wieder haben, wenn die Ratlosigkeit aus den Gesichtern der verwaisten Leistungs-, Wasser- und Werbeträger gewichen ist, wird sich zeigen: Diese Nation steht zu ihrem Franz, sie will auch in Amerika stolz auf ihn sein, wenn sie ihm ins Auge, auf den Fuß, in die Hose oder in den Geldbeutel blickt."
Stolz sein auf Beckenbauer – stimmt das wirklich? Waren die deutschen Kick-Fans tatsächlich stolz auf ihn? Irgendwie schon, irgendwie aber auch nicht. Stolz waren und sind sie auf einen Uwe Seeler, auf den „Dicken", der gekämpft hat bis zum Umfallen und just im Umfallen die schönsten Fallrückzieher-Tore erzielte. Stolz, das waren sie auch auf Berti Vogts, den blonden Knirps mit den blauen Augen, die sich schon mal mit Wasser füllen konnten, wenn die Nationalhymne ertönte. Auf sowas konnte man ja auch wirklich stolz sein: die haben gerackert für Deutschland bis zum Geht-nicht-mehr und darüber hinaus, denen hat man angesehen, was Arbeit heißt.
Seeler und Vogts – das war der Stoff, aus dem die Identifikationen sind. Aber wie, um Gottes Willen, sollte man sich mit diesem Beckenbauer identifizieren? Der war so gut, so unerreichbar, so unantastbar – genial halt! Mit Franz ergings den deutschen Fußballplatz-Besuchern wie einem Vater, der sich nichts sehnlicher wünscht, als daß der Junge in der Schule mal ein bißchen besser sei als er selbst es war – und der dann feststellen „muß", daß der Filius im Alter von drei Jahren die Mengenlehre beherrscht. Das macht dann keine Freude mehr, sondern schon eher Angst. Richtig unheimlich ist sowas und wer will schon ein Wunder-Genie in der Familie haben.
In der „Fußball-Familie" entstand bisweilen auch der Eindruck, daß man

mit diesem Rasen-Genie nichts rechtes anzufangen wußte. Genies sind hierzulande nicht so sehr gefragt. Wem was leicht fällt, der gerät automatisch in Verdacht, er würde sich das Leben zu leicht machen. Schweiß will man in Deutschland sehen, als Bestätigung dafür, daß mit Fleiß und Energie alles zu schaffen sei. Selbst hat man's ja schließlich auch nur mit härtestem Einsatz geschafft, zu sein, was man ist.
Und dann kommt plötzlich einer wie er, der es scheinbar ohne diese deutschen – vielleicht sogar „teutschen" . . . – Tugenden nicht nur „auch zu was" gebracht hat – sondern der es zu sogar weitaus mehr gebracht hat! Wenn Beckenbauer in einem Match geschwitzt hat, stand das am nächsten Tag in der Zeitung: „Sogar der Kaiser transpirierte!".
Das war dann als Lob zu werten, als versteckter Hinweis, daß auch er nur ein Mensch sei. Dem „Volk" näher gebracht wurde der „Kaiser" mit derlei Bemerkungen freilich nur unmerklich. Ab einem gewissen Zeitpunkt seiner Karriere kickte er wie in einem Vakuum, bewundert als Mozart'sches Fußball-Wunderkind zuerst und ungläubig bestaunt als herrschender Rasen-Karajan später.
„U-we! – U-we!" oder „Ber-ti! – Ber-ti!" – Anfeuerungsrufe dieser Art konnte Franz Beckenbauer nie verzeichnen. Ich weiß nicht, ob er scharf darauf gewesen wäre, derlei Ovationen bereitet zu bekommen, aber ich nehme doch an, denn: Beckenbauer war nicht nur ein menschähnliches Wesen, wenn er schwitzte, sondern abgesehen von seinen Rasenkünsten so normal wie jedermann. Und jeder normale Jedermann mag geliebt werden. In lateinischen Ländern, da wäre ihm diese Liebe zuteil geworden, in diesen Regionen erkennen die Menschen das Genie – hierzulande wird es höchstens anerkannt. Ist es deshalb überspitzt ausgedrückt, zu behaupten, daß Franz Beckenbauer ein besseres Publikum verdient hätte?
Lateinisch, das ist ein Stichwort, denn Beckenbauer hat, wie einer mal klug formulierte, „eine lateinische Art, Fußball zu spielen". Vielleicht ist deshalb gar kein Zufall, daß er auf dem Rasenrechteck eine Position bekleidete, die mit einem italienischen Wort beschrieben wird, mit „Libero", was „freier Mann" bedeutet. Wenn es für die Funktion eines Liberos noch nicht das Wort „Libero" gegeben hätte, müßte man diesen Mannschaftsposten heute „Beckenbauer" nennen, so wie es beispielsweise nach einem Herrn Auerbach den „Auerbach" im Kunstspringen gibt oder nach einem Herrn Rittberger den „Rittberger" im Eiskunstlauf. Man stelle sich die Stellenanzeige vor: „Gut situierter Amateurklub im Raume Soundso sucht für die nächste Saison einen Torhüter, einen Mittelstürmer und einen Beckenbauer. Günstige Wohnung und gut dotierter Arbeitsplatz kann auf Wunsch beschafft werden. Zuschriften unter..."
Doch Liberi werden auch künftig Liberos heißen und vielleicht ist das im Grunde ganz gut so, denn: den „Auerbach" springen die Wasserhüpflinge von heute zwar weitaus besser als der Erfinder seinerzeit und auch der

Beckenbauer gegen Dynamo Kiew am Boden – symptomatisch für die Begegnungen des FC Bayern München mit dem sowjetischen Meister. Gegen die Sowjets bestritt der „Kaiser" das letzte Europacup-Spiel seiner Karriere!

„Rittberger" wird von den jetzigen Eis-Akrobaten beträchtlich präziser beherrscht als vom damaligen Namensgeber – aber: künftige „Beckenbauer" könnten wohl nur ein Abklatsch des Originals sein, was nicht gerade erfreulich wäre für die Betroffenen. Außerdem würde es reichlich doof klingen: „Er spielte einen kompromißlosen Beckenbauer. . .", „Er spielte einen soliden Beckenbauer. . .", „Er spielte einen schwachen Beckenbauer. . .", „Der Beckenbauer vom FC Sowieso war in diesem Spiel eine einzige Katastrophe. . ." Nein, nein – ein Kaiser-Denkmal dieser Art wär' sicher nicht das richtige. . .
Lateinisch hat er also gespielt, dieser Mann mit der Nummer 5 auf dem Rücken. Wie spielt man lateinisch? Der Unterammergauer Publizist Horst Vetten hat's im „Stern" einmal so beschrieben: „Wenn andere Fußball ar-

Deutschlands Fußballer des Jahres

Jedes Jahr veranstaltet die Fachzeitschrift „kicker-sportmagazin" eine Umfrage unter den Sportjournalisten der Bundesrepublik nach „Deutschlands Fußballer des Jahres". Die Wahl fiel bisher auf folgende Spieler:

1960: Uwe Seeler (Hamburger SV)
1961: Max Morlock (1. FC Nürnberg)
1962: Karl-H. Schnellinger (1. FC Köln)
1963: Hans Schäfer (1. FC Köln)
1964: Uwe Seeler (Hamburger SV)
1965: Hans Tilkowski (Bor. Dortm.)
1966: Franz Beckenbauer (Bayern München)
1967: Gerd Müller (Bayern München)
1968: Franz Beckenbauer (Bayern München)
1969: Gerd Müller (Bayern Münch.)
1970: Uwe Seeler (Hamburger SV)
1971: Berti Vogts (Borussia M'Gladbach)
1972: Günter Netzer (Borussia M'Gladbach)
1973: Günter Netzer (Borussia M'Gladbach)
1974: Franz Beckenbauer (Bayern München)
1975: Sepp Maier (Bayern Münch.)
1976: Franz Beckenbauer (Bayern München)
1977: Sepp Maier (Bay. München)

Europas Fußballer des Jahres

Jedes Jahr veranstaltet die in Paris erscheinende Fachzeitschrift „France Football" eine Umfrage unter den europäischen Sport-Medien nach „Europas Fußballer des Jahres". Die Wahl fiel bisher auf folgende Spieler, wobei wir auch sämtliche deutschen Kicker mit aufführten, die einen Platz unter den besten 10 errangen:

1956: Stan Matthews (England) – 1957: Alfredo di Stefano (Spanien) – 1958: Raimond Kopa (Frankreich), 2. Helmut Rahn (Deutschland) – 1959: Alfredo di Stefano (Spanien) – 1960: Luis Suarez (Spanien), 2. Uwe Seeler (Deutschland) – 1961: Omar Sivori (Argentinien/Italien), 2. Uwe Seeler (Deutschland) – 1962: Josef Masopust (CSSR), 2. Karl-Heinz Schnellinger (Deutschland) – 1963: Lew Jaschin (UdSSR) – 1964: Denis Law (Schottland) – 1965: Eusebio (Portugal), 2. Karl-Heinz Schnellinger, 3. Franz Beckenbauer, 4. Siegfried Held (alle Deutschland) – 1966: Bobby Charlton (England), 2. Franz Beckenbauer, 3. Willi Schulz, 4. Helmut Haller (alle Deutschland) – 1967: Florian Albert (Ungarn), 2. Franz Beckenbauer, 3. Gerd Müller, 4. Helmut Haller, 5. Wolfgang Overath (alle Deutschland) – 1968: George Best (Nordirland), 2. Franz Beckenbauer, 3. Willi Schulz, 4. Gerd Müller (alle Deutschland) – 1969: Gianni Rivera (Italien), 2. Gerd Müller, 3. Franz Beckenbauer (beide Deutschland) – 1970: 1. Gerd Müller, 2. Franz Beckenbauer, 3. Wolfgang Overath, 4. Uwe Seeler (alle Deutschland) – 1971: 1. Johan Cruyff (Holland), 2. Günter Netzer, 3. Franz Beckenbauer, 4. Gerd Müller (alle Deutschland) – 1972: 1. Franz Beckenbauer, 2. Günter Netzer, 3. Gerd Müller ... 5. Paul Breitner (alle Deutschland) – 1973: Johan Cruyff (Holland), 2. Gerd Müller, 3. Franz Beckenbauer, 4. Günter Netzer, 5. Uli Hoeneß, 6. Wolfgang Overath (alle Deutschland) – 1974: Johan Cruyff (Holland), 2. Franz Beckenbauer, 3. Paul Breitner, 4. Gerd Müller, 5. Berti Vogts, 6. Sepp Maier, 7. Rainer Bonhof, 8. Uli Hoeneß (alle Deutschland) – 1975: Oleg Blochin (UdSSR), 2. Franz Beckenbauer ... 4. Berti Vogts, 5. Sepp Maier, 6. Jupp Heynckes ... 8. Paul Breitner, 9. Günter Netzer, 10. Gerd Müller (alle Deutschland) – 1976: Franz Beckenbauer... 9. Rainer Bonhof, 10. Gerd Müller (alle Deutschland) – 1977: Die Wahl war zum Erscheinungszeitpunkt dieses Buches noch nicht abgeschlossen!

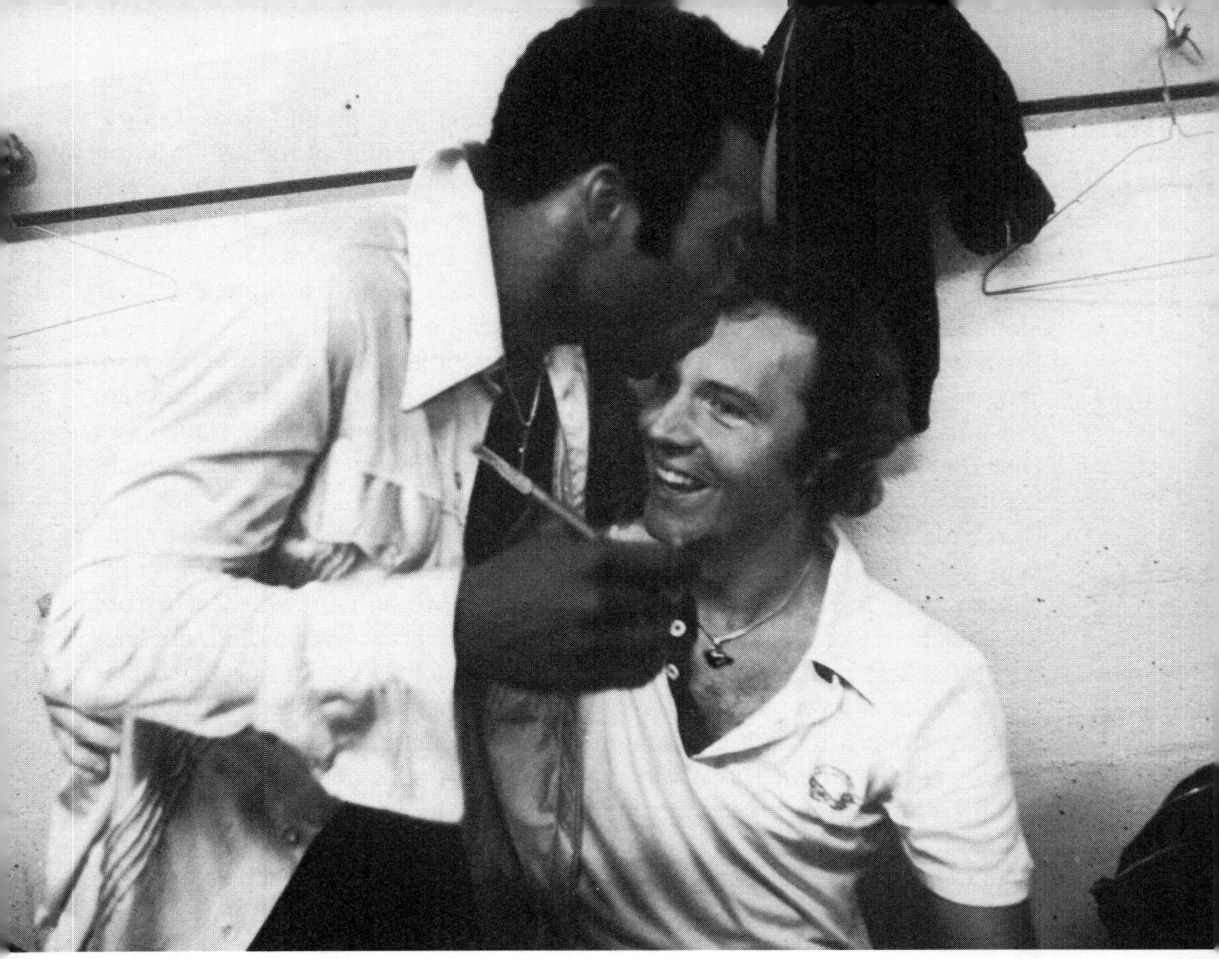

Mit dem Wechsel vom FC Bayern München zum amerikanischen Fußballklub Cosmos wurde für Beckenbauer der Traum eines jeden Fußballspielers wahr: einmal in der Karriere im selben Team wie Super-Star Pele stehen zu können! Mit Pele (Foto) wurde Beckenbauer auf Anhieb US-Meister 1977.

beiten, vielleicht Fußball spielen, dann zelebriert er Fußball. Im Gemetzel des Kampfes wirkt er gelegentlich deplaziert wie ein Gentleman im Gewoge einer Wirtshaus-Keilerei. Nicht anders sieht es im Training aus: Zwar ist er hier ein Kaiser, der sich quälen muß, aber es wirkt stets wie Maloche mit Adel. Beim gemeinsamen Abendessen hinterher führt er Messer und Gabel mit der Grazie eines Menschen, der es in Schlössern gelernt hat. Alle essen, er speist. Auf Reisen, im Flugzeug, im Hotel, sticht er aus dem Rudel der Trainingsanzüge hervor, als habe sich ein Erster-Klasse-Passagier in die Economy-Abteilung verirrt. Noch in der Stunde der Wahrheit, samstags halb vier, auf dem Platz, wo alle im Turnleibchen und kurzer Büx erscheinen, bleibt er — oben Leibchen, unten kurzhosig — ein Herr."

Gerade den „Herrn", den haben ihm viele übel genommen – was Wunder auch bei diesem „Männer"-Sport! Daß der Franz freilich durchaus ein Mann war, konnten die Leser einer Illustrierten vor mehreren Jahren anhand verschiedenster Nacktfotos (aufgenommen im Planschbecken des Münchner Olympiastadions) feststellen. Später wurde Beckenbauers Unterleib ein weiteres Mal publizistisch ausgeschlachtet – der „Gentleman am Ball" war nicht gerade an „Gentlemen der Schreibmaschine" geraten.

Erstaunlicherweise waren es gerade diese geschmacklosen Veröffentlichungen, die den für distanziert geltenden Herrn Beckenbauer auf den Stehrängen eine Art augenzwinkerndes Wohlwollen einbrachte, einen Hauch von Uew-Berti-Feeling. Wie wenn er wieder mal geschwitzt hätte, so „menschlich" empfanden die Fans das.

Durchaus menschlich hörten sich auch die Flüche an, die da jeden Samstag dem kaiserlichen Mund entfleuchten. Weiß Vetten: „Daß er zu Wortäußerungen fähig ist, die einem Bierkutscher des Hofbräuhauses die Zornesröte ins Gesicht treiben würde, weil vom ‚Oberdepp' an aufwärts die Münchner Gemütlichkeit zu Ende ist, hört das Publikum nicht. Es sieht nur, wie dieser Herrscher über Freund und Fein den Ball 40 Meter weit nicht schießt, nicht schlägt, sondern ihn mit gleichsam segnender Gebärde absendet. Da steht er dann und blickt dem Kunstwerk nach, und es sind angesichts solchen Fußball-Filigrans schon brodelnde Fußballstadien in Andacht versunken, urbi et orbi."

70 000 tollwütige Fans geraten plötzlich in Andacht – und schweigen, wie es sich für eine Andacht gehört. Schweigen – das war Beckenbauers Uwe-Berti.

Wenn die Menschen über einen schweigen, kann das genauso fürchterlich sein, wie wenn sie über einen reden. Hoffentlich sind sie in Amerika nicht so andächtig, hoffentlich kommt „The Kaiser" wenigstens dort noch zu seinem „Kai-ser! – Kai-ser!". Die amerikanischen „Fußball-Banausen" würden die deutschen „Experten" ganz schön beschämen damit – was zweifelsohne eine gerechte Strafe wäre...

Hier ist Platz
für ein
Autogramm von
Franz Beckenbauer

Willi Schulz:

Geburtsdatum	4. Oktober 1938
Spiel-Position	Abwehrspieler
Verein	Union Günnigfeld, Schalke 04 u. Hamburger SV
Bundesligaspiele	263 bis Ende der Saison 1972/73 (dabei 5 Tore erzielt)
Länderspiele	66 zwischen 1959 und 1970
Größte Erfolge	WM-Teilnahme 1962 (im Viertelfinale ausgeschieden); WM-Teilnahme 1966 (2. Platz); WM-Teilnahme 1970 (3. Platz).
Spitzname	„Worldcup-Willi"
Autogramm-Adresse	Willi Schulz, Am Ochsenzoll 85, 2000 Norderstedt 1

Worldcup-Willi

Als Franz Beckenbauer im Sommer 1977 Abschied vom FC Bayern nahm und zu Cosmos New York wechselte, benötigten die Münchner einen neuen Libero. Eine von mehreren Lösungen, die sich für den Europa- und Weltcup-Sieger da anbot, formulierte Georg „Katsche" Schwarzenbeck, der bisherige Vorstopper, jener Mann also, von dem behauptet wurde, daß er bisher stets die „Schmutzarbeit" für den „Kaiser" verrichtet habe. Er sagte: „Ich würde gerne die Rolle des Bayern-Liberos übernehmen. Allerdings würde ich diese Funktion nicht so ausüben können wie der Franz, aber vielleicht so, wie es früher schon der Willi Schulz praktiziert hat!"
Fußball-Fans wissen jetzt sofort, was damit gemeint ist, nämlich: Willi Schulz war kein blendender Techniker als Libero, sondern eher eine Art „Ausputzer". Nicht das filigrane Rasenspiel war seine Stärke, sondern das unerbittliche Dazwischengehen. Willi hatte zu keiner Zeit Skrupel, in zwingender Situation einen brachialen Befreiungsschlag bis zur Tribüne hinauf loszulassen.
Der Spieler Schulz hieß bei den Fans auch nie „der Schulz", sondern er war schlicht und einfach der Willi. In den Anfeuerungsrufen seiner Anhänger hörte sich das so an: „Wüüüüllii –– Wüüüüllii –– Wüüüüllii". Und als die Engländer 1966, bei der Weltmeisterschafts-Austragung im eigenen Land, als WM-Maskottchen einen sogenannten „Worldcup-Willi" kreierten, hieß der deutsche Willi in Zeitungsberichten fürderhin eben auch so – vor allem, wenn er gut gespielt hatte.
Und gut spielte der „Worldcup-Wüüüüllii" oft. Ob als Vorstopper, wenn es galt, die gegnerische Sturmspitze schachmatt zu setzen; ob als Ausputzer, wenn es galt, den eigenen Strafraum leerzufegen, oder als sogenannter „Außenläufer", wie es damals noch hieß zu Beginn seiner internationalen Karriere. „Ein westfälischer Horst Eckel!", jubelten die Reporter seinerzeit. Später dann nannten sie ihn einen westfälischen Dickschädel, wie beispielsweise der Stuttgarter „Sportbericht", der über ihn urteilte: „Würde man unter den Millionen deutschen Fußballanhängern eine Umfrage nach dem härtesten Nationalspieler abhalten, der Name Willi Schulz würde wohl mehr Stimmen auf sich vereinigen als seine Mannschaftskameraden zusammen! Der Mann mit den ‚Säbelbeinen' und dem westfälischen Dickschädel schont seine Gegner ebensowenig wie sich selbst."

Das war 1966, als Willi Schulz die erfolgreichsten seiner insgesamt 66 Länderspiele absolvierte — bei der Weltmeisterschaft auf der britischen Insel, als er sich den Ruhmesnamen eines „Wordcup"-Willi erwarb. Dabei hatte es gar nicht zur Worldcup-Trophäe selbst, sondern „nur" zum zweiten Platz gereicht. Immerhin: für Willi Schulz war damit ein Traum in Erfüllung gegangen, denn — welcher Fußball-Kicker würde nicht davon träumen, in einem Finale um die Weltmeisterschaft zu stehen!
Daß dieses Endspiel im berühmten Londoner Wembley-Stadion über die Bühne ging und auch die Queen auf der Ehrentribüne Platz genommen hatte, verlieh diesem Endspiel-Traum ein zusätzliches Quantum an Reiz — ein Reiz freilich, auf den Schulz & Co. gerne verzichtet hätten: da der Gegner schließlich England hieß, wäre den Deutschen ein neutrales Stadion natürlich lieber gewesen. Acht Jahre später allerdings profitierte auch die DFB-Elf von diesem Heimvorteil: so wie England auf eigenem Rasen Deutschland besiegt hatte (4:2 nach Verlängerung), so schlugen die Deutschen 1974 auf eigenem (Münchner) Rasen Holland mit 2:1...
Willi Schulz freilich konnte sich von dieser „ausgleichenden Gerechtigkeit" nichts mehr abbeißen — seine Laufbahn in der deutschen Nationalmannschaft hatte bereits vier Jahre zuvor ein Ende gefunden. Kein besonders rühmliches, das muß hinzugefügt werden, denn das letzte Spiel im deutschen Trikot, die 66. Partie mit dem Adler auf der Brust, bescherte Schulz eine Niederlage. Noch dazu keine gewöhnliche, sondern eine ganz entscheidende: mit 3:4 nach Verlängerung unterlagen die DFB-Repräsentanten im Halbfinale der Weltmeisterschaft 1970 in Mexiko gegen Italien — und Willi Schulz, als Vorstopper nominiert, zählt in diesem Match nicht gerade zu den starken Kräften im deutschen Team. Urteilte „kicker"-Reporter Werner Schilling in seiner Einzelkritik aus Mexiko-City: „Willi Schulz brauchte einige Zeit, um sich auf den stürmischen Boninsegna einzustellen, der ihm zunächst wiederholt entwischte. Auch beim ersten Tor war Willi nicht zur Stelle. Mit Haken und Ösen brachte der Hamburger den Italiener dann doch noch in seine Gewalt — ehe der Azzuri den Spieß erneut umdrehte, als in der Verlängerung die Kräfte des Hamburgers nachließen. Bei seinen Gegenzügen hatte Schulz nicht so gut ausgesehen — seine Bälle kamen selten an."
Willi wird deshalb wohl nicht so gerne an sein letztes, sondern lieber an sein vorletztes Spiel für den DFB zurückdenken, an das „65." — sozusagen auch noch eine Jubiläums-Partie. Der Gegner hieß England und es ging um den Einzug in's Halbfinale in Mexiko. Zugleich bedeutete dieses Aufeinandertreffen die „Revanche" für das verlorene Finale von 1966. Deutschland gewann die Partie mit 3:2 nach Verlängerung und Schilling schrieb über Schulz: „Er übernahm nach der Pause als Vorstopper Geoffrey Hurst und beherrschte ihn klar. Schulz war auch erfreulich stark in der Offensive." Hurst, das muß man noch wissen, war jener Stürmer, der vier Jahre zuvor im Wembley-Finale drei Treffer gegen Deutschland erzielt hatte!

Länderspiel Deutschland gegen Schottland: gebannt blicken Willi Schulz (links) und Karl-Heinz Schnellinger (dahinter) auf den Ball. „Worldcup-Willi" klärte natürlich die Situation – wie man es von einem wie ihm im gesamten Verlauf der Karriere als Abwehrspieler gewohnt war!

Willi Schulz war nie ein bequemer Mann, sondern einer, der stets sagte, was er dachte – quasi ein Jürgen von Manger des grünen Rasens. Über die Produkte einer Sportschuhfirma beispielsweise soll er gemangert haben: „Am besten gefallen mir daran die Einlagen!" Damit waren Geldscheinchen gemeint...

Eine andere Legende erzählt noch, daß dem Schalker Spieler Schulz die Schalker Anhänger böse waren, weil er zum Hamburger SV wechselte. Die Ruhrpott-Fans boykottierten deshalb die von Willi betriebene Kneipe und kippten ihre Klaren fortan in der Gaststätte daneben – was den Neu-Hamburger nicht sonderlich störte: auch das Nachbar-Lokal gehörte ihm...

Weniger leger jedoch betrachtete Schulz den Kampf um den Libero-Posten in der deutschen Nationalmannschaft. Franz Beckenbauer bekleidete diese

Das meint Willi Schulz

„Ich finde diese Spielerei wirklich interessant", meinte Willi Schulz angesichts der Mannschaftsaufstellung einer „Ewigen deutschen Nachkriegself" und fuhr fort: „Aber ich empfinde das – wie gesagt – wirklich nur als Spielerei, denn der deutsche Fußball hat nach 1945 einen derart beachtlichen Aufschwung vollbracht, daß man getrost noch zwei oder drei andere Mannschaften derselben Qualität aufstellen könnte..."
Wir haben die Probe auf's Exempel gemacht – und nicht nur zwei oder drei, sondern sogar sechs andere Teams zusammengepuzzelt, die sich wirklich sehen lassen könnten! Sämtliche Berufene standen dabei nach 1954 irgendwann einmal in der Nationalmannschaft. Und hier sind sie also – um die Spielerei quasi auf die Spitze zu treiben –, die B-, C-, D-, E-, F- und G-Auswahlteams seit 1954: *)

Die B-Mannschaft: Tilkowski – Höttges, Juskowiak, Kaltz, Weber – Hoeneß, Wimmer, Szymaniak – Libuda, O. Walter, Held.

Die C-Mannschaft: Herkenrath – Patzke, Stollenwerk, Erhardt, Schwarzenbeck – Grabowski, Brülls, Eckel – B. Klodt, Klaus Fischer, Hölzenbein.

Die D-Mannschaft: Wolter – Kohlmeyer, Laband, Liebrich, Posipal – Aki Schmidt, Flohe, Mai – Berti Kraus, Dieter Müller, Heynckes.

Die E-Mannschaft: Fahrian – Bauer, Nowak, Stielike, Bonhof – Pfaff, Giesemann, Beer – Waldner, Kelbassa, Emmerich.

Die F-Mannschaft: Sawitzki – Lutz, Lorenz, Cullmann, Fichtel – Sturm, Mebus, Bongartz – Koslowski, Toppmöller, Cieslarczyk.

Die G-Mannschaft: Bernard – Piontek, Dietz, Wewers, Helmut Kremers – Danner, Krämer, Herrmann – Erwin Kremers, Worm, Löhr.

***): Die Mannschaftsaufstellungen fungieren im Schema:**
Torwart – Verteidiger, Verteidiger, Libero, Vorstopper – Mittelfeld – Rechtsaußen, Mittelstürmer, Linksaußen.

Rassige Bundesliga-Duelle lieferten sich Willi Schulz (hinten) vom Hamburger SV und der damals noch bartlose Münchner Gerd Müller (vorne)

Position beim FC Bayern München und hätte nur zu gerne auch in der Elf von Bundestrainer Helmut Schön den Rang des „letzten Mannes" eingenommen. Die Diskussionen im Vorfeld der Weltmeisterschaft 1970 wurden praktisch im „Fernkampf" ausgetragen, wobei als Medien die Münchner und Hamburger Zeitungen dienten.

Schön entschied sich letzten Endes dafür, Beckenbauer nicht in der Abwehr, sondern im Mittelfeld einzusetzen. Urteilte der Nürnberger „kicker"-Journalist Hildebrand Kelber in einer WM-Vorschau: „Obwohl das Spiel der Abwehr mit Beckenbauer sicherlich brillanter wäre, bedeutet sein Vorziehen in's Mittelfeld, daß hinten klare Verhältnisse darüber herrschen, wer der ‚Chef' ist. Zur Rivalität zwischen Schulz und Beckenbauer wird es nicht kommen."
Kam es auch nicht – aber zur Rivalität mit Schnellinger, der aus dem Italien-„Exil" in die deutsche Equipe berufen – dort derart stark auftrumpfte, daß Willi Schulz nicht mehr als Libero, sondern lediglich als Vorstopper zum Einsatz kam, wobei er um diesen Posten auch noch mit dem Schalker Klaus Fichtel zu fighten hatte.
Aber der „Worldcup-Willi" war in Mexiko halt schon 32 und somit am Abend seiner Karriere angelangt. Begonnen hatte für den am 4. Oktober 1938 geborenen Sohn eines Gastwirts die Laufbahn in seinem Heimatort Günnigfeld, wo er für die „Union" kickte. Am 15. April 1959, achtzehneinhalb Jahre jung, erlebte er seinen ersten internationalen Einsatz und zwar in einem Amateur-Länderspiel gegen Holland als „rechter Läufer". Es folgten die – vergeblichen. . . – Qualifikationsspiele zur Teilnahme an den Olympischen Spielen 1960 in Rom, im Oktober 1959 das erste B-Länderspiel (0:1 gegen die Schweiz) und schließlich am 20. Dezember 1959 das erste „richtige" Länderspiel: 1:1 gegen Jugoslawien in Hannover. Stellte Bundestrainer Sepp Herberger fest: „Er hat spieltechnische Fähigkeiten, aber in der taktischen Spielauffassung und im Einsatz bedarf es weiterer Förderung."
In der Saison 1960/61 schließlich folgte der Wechsel von Günnigfeld zu Schalke 04, wobei er den „Königsblauen" bis zum Ende der Spielzeit 1964/65 erhalten blieb. Als die „Knappen" in jenem Jahr nur den letzten Platz der Bundesliga erringen konnten – der beste Spieler hieß meistens Schulz und konnte das Gelsenkirchener Debakel natürlich nicht ganz alleine verhindern – folgte die Veränderung zum Hamburger SV, für den er noch manches Tor schoß, jedoch etliche Treffer mehr verhinderte. Daß Willi Schulz in der Wahl seiner Mittel nicht gerade zimperlich war, zeigt am besten eine Pressestimme auf, die zwar bereits 1966 abgedruckt, jedoch bis zum letzten Bundesliga-Einsatz seiner Karriere hin Gültigkeit besaß: „Mit seiner gnadenlosen Härte, sachlich, schnörkellos und mit fast brutaler Gewalt ist er der Prototyp des gefürchteten Abwehrspielers, der in kritischen Situationen – wenn das eigene Tor in Gefahr ist – auch nicht vor einem Foul zurückschreckt."
In gegnerischen Stadien hörte Schulz deshalb nicht selten ohrenbetäubende Pfiffe, die sich gegen seinen körperlichen Einsatz richteten. Doch zu Hause und für Deutschland am Ball, da war Willi der Wühler zweifelsohne ein Publikumsliebling. Da war er der Wüüüüllii...

Hier ist Platz
für ein
Autogramm von
Willi Schulz

Fritz Walter:

Geburtsdatum	31. Oktober 1920
Spiel-Position	Regisseur
Verein	1. FC Kaiserslautern
Länderspiele	61 zwischen 1940 und 1958
Größte Erfolge	WM-Teilnahme 1954 (Weltmeister); WM-Teilnahme 1958 (4. Platz); Deutscher Meister mit dem 1. FC Kaiserslautern in den Jahren 1951 und 1953, 33 Tore für Deutschland.
Spitzname	„Friedrich der Große", „Der Alte Fritz"
Autogramm-Adresse	Fritz Walter, Leinigerstraße 104, 6753 Enkenbach-Alsenborn

Friedrich der Große

Die Nr. 27 des „Kicker" erschien am 5. Juli 1954 und war als Sonderheft deklariert. In Österreich kostete das Fachblatt 3,50 ö.S., in der Schweiz 0,50 sfrs., in Italien 100 Lire und im Saarland 50 ffrs. – so ist es in kleiner Schrift auf der Titelseite zu lesen. In großen Lettern hingegen steht geschrieben: „Deutschland umarmt seine Weltmeister", denn Weltmeister, das waren die Deutschen tags zuvor geworden, mit einem sensationellen 3:2-Erfolg im Finale gegen Ungarn.
Den Rest der Titelseite nimmt ein Foto ein, aufgenommen vom berühmten Illustrierten-Reporter Hanns Hubmann. Das Bild zeigt den Hamburger Jupp Posipal, der mit beiden Händen einen glückstrahlenden Fritz Walter – seinen Teamkapitän – umarmt. Naß vom Regen und vom Schweiß hängen „Friedrich, dem Großen" die zusammengeklebten Haarsträhnen in die Stirn. Von den Augenwinkeln bis hinunter zum vorstrebenden Kinn ziehen sich zwei tiefe senkrechte Lachfalten und zwischen den Lippen zeigt sich eine Reihe makelloser Zähne.
Ein sympathischer Schnappschuß, zweifelsohne, und in der Bildunterschrift klingt es stolz: „Stellvertretend für die ganze deutsche Nationalelf, die gestern mit der Weltmeisterschaft den größten Triumph der deutschen Fußballgeschichte feierte, blicken uns die freudeverklärten Gesichter von Fritz Walter und Jupp Posipal an. Der Dank der deutschen Fußballgemeinde aber gilt allen 22 Spielern, die zum Weltmeisterschafts-Aufgebot gehörten und durch ihren Geist, ihr Können und ihre Kameradschaft diesen stolzen Erfolg möglich machten."
„Größter Triumph der deutschen Fußballgeschichte" – das gilt im übrigen auch heute noch! Daß die DFB-Kicker 1972 Europameister und 1974 Weltmeister wurden, hat am 54er-Status in keinster Weise gerüttelt. Eine Umfrage Ende 1975, in der die Interviewer wissen wollten, wann Deutschland Fußball-Weltmeister geworden sei – brachte in rund 80 Prozent aller Antworten das Jahr 1954! 1974 – das war ein Jahr danach verblichen; 1954 – das blieb selbst 21 Jahre später unvergessen...
Selbstverständlich war jener 4. Juli im Berner Wankdorfstadion auch der größte Tag in der Karriere des Fritz Walter. Urteilte Dr. Paul Tröger in besagter „Kicker"-Nr. 27 über den Mann mit der Nummer 16 auf dem Rük-

ken: „Dieses Spiel war die Krönung von Fritz Walters Laufbahn. Wie Eckel machte er allein alle sechs deutschen Spiele dieses WM-Turniers mit. Anfangs sprach man höflich von ihm, dann lobten ihn auch ausländische Kollegen aus ehrlichem Herzen. Nie sah ich einen Dirigenten – dieser Titel gebührt ihm zu Recht! – der zugleich auch so kämpferische Akzente setzte. Der gleiche Mann, der die Gassen öffnete, klüger als alle Ungarn den Ball führte, bis seine Kameraden sich freigelaufen hatten; der gleiche Mann, der auf engstem Raum drei, vier Ungarn düpierte, einfach stehenließ, war (wie bewältigte er nur dieses Laufpensum?) wie aus dem Boden gestampft an den gefährlichsten Punkten sowohl im eigenen als auch im gegnerischen Strafraum. Die Nummer 16 war einfach überall! Unerschöpflich sein technisches Repertoire, das Puskas und Kocsis in den Schatten stellte. Unwahrscheinlich sein Geschick, aus dem Nichts Angriffe aufzubauen, zu lenken, zu führen. Ich hoffe zuversichtlich, daß ihm nun endlich der mehr als verdiente Silberlorbeer überreicht wird!"

Fritz Walter erhielt natürlich sein Silberlorbeer und zahlreiche weitere Ehrennadeln, Ehrenpokale, Ehrendiamanten und -brillanten, Ehrenurkunden, Ehrenmitgliedschaften etc. fügten sich an – wie auch glänzende Angebote aus dem Ausland!

Schon 1951 hatten ihm spanische Klubs 100 000 DM und Inter Mailand gar seinerzeit astronomische 165 000 DM für seine Kick-Dienste angeboten. Jetzt steigerten sich die Summen, logischerweise. Doch Fritz Walter – mit einer Italienerin namens Italia verheiratet – blieb im Lande und verkündete: „Ich habe hier in Kaiserslautern etwas aufgebaut und werde es nicht im Stich lassen – das sollten endlich einmal alle begriffen haben!"

Was Fritz Walter so begehrt machte, war sein phantastischer Überblick auf dem grünen Rasen. Sein ausgeprägtes Ballgefühl ermöglichte es ihm, nicht auf die Lederkugel gucken zu müssen, sondern den Blick über das ganze Feld schweifen lassen zu können. Stets versuchte er, mehrere Spielzüge vorauszudenken – und meistens gestaltete sich die Situation auch so, wie er es gewollt hatte. Schwärmte sein Bruder Ottmar Walter, der im Finale gegen Ungarn als Mittelstürmer mitwirkte: „Wenn Fritz einen Steilpaß gab – oft über 30, 40 Meter hinweg –, dann wußte man ganz genau, daß es sich lohnen würde, dem Ball hinterherzurennen." Legende wurden auch Fritz Walters Eckbälle – einige verwandelte er sogar direkt!

Daß Fritz Walter aus seinem Vater-Sohn-ähnlichem Verhältnis zu Bundestrainer Sepp Herberger profitierte, steht unzweifelhaft fest. Was der „Weise von der Bergstraße" in der Theorie ersann, setzte der Kaiserslauterer auf dem Spielfeld in die Praxis um. Das Schlagwort vom „verlängerten Arm des Trainers" – hier traf es in vollem Maße zu. Lobte denn auch Herberger rund zwanzig Jahre später: „Fritz war eine Persönlichkeit von hohem Rang, auf einer Stufe mit Alfredo di Stefano von Real Madrid oder mit Franz Beckenbauer stehend. Früher hat man Fritz oft mit dem Schalker Szepan

verglichen, aber das war doch ein gewaltiger Unterschied: Szepan brauchte schnelle Leute um sich – während Fritz selbst schnellfüßig war!"
Was Wunder, daß Herberger sogar 1958 noch einmal auf den fast 38jährigen Fritz Walter zurückgriff und ihn beim Weltmeisterschafts-Turnier in Schweden einsetzte. Die Halbfinal-Partie gegen Schweden wurde dabei zur bittersten Fritz-Walter-Stunde im Nationaltrikot: erst mußte Juskowiak, der Düsseldorfer „Hammer", vom Platz, weil dem ungarischen Schiedsrichter Istvan Zsolt dessen rauhe Gangart mißfiel – und dann mußte Fritz Walter für längere Zeit ausscheiden, da die Skandinavier ihn ziemlich unsanft umgesäbelt hatten. Ehrenspielführer Fritz Walter („richtiger" Kapitän war der Kölner Hans Schäfer) kehrte zwar ärztlich behandelt in's Spielgeschehen zurück – aber mit dem „Walter-Walzer" war's vorbei, die Verletzung behinderte ihn zu stark. Neuneinhalb Mann verloren 1:3.
1962, bei der Weltmeisterschaft im fernen Chile, mußte das deutsche Team gar schon im Viertelfinale (0:1 gegen Jugoslawien) die Segel streichen und Herberger grollte, denn: Fritz Walter, beinahe 42 Jahre alt, hatte sich vom „Chef" nicht überreden lassen, noch einmal mitzuwirken. In Südamerika kickte der Lauterer lediglich zur Gaudi – in einer Partie zwischen den Reservespielern Deutschlands und der Schweiz. Offiziell war er nur für ein Sportschuhunternehmen als Repräsentant nach Chile gereist. Herberger später: „Es war der größte Fehler meiner Trainerzeit, daß ich den Fritz nicht hartnäckig genug in Sachen Chile bearbeitet hatte. Mit ihm wären wir weiter als in's Viertelfinale gekommen, denn allein seine Ausstrahlung hätte die Mannschaft immens beflügelt!"
Die 42 Jahre, die der Fritz zum Chile-Zeitpunkt auf dem Buckel hatte, hätten Herberger am wenigsten gestört, denn Jahreszahlen waren nie ein Kriterium für ihn gewesen. Auch für Fritz Walter war derlei kein Maßstab. Er selbst in einem Interview mit „kicker"-Chefkommentator Hans Fiederer: „Es kommt weniger auf das Alter eines Spielers an, als vielmehr darauf, wie er trainiert. 1958 in Schweden beispielsweise war ich mit meinen 37 Jahren auf den entscheidenden fünf oder zehn Metern fast immer schneller und explosiver als die meisten anderen!"
Nicht die Physis also war's, die Fritz Walter 1962 in Chile Sepp Herberger einen Korb erteilen ließ – sondern vielmehr die Psyche: „Chef, die Presse wird Sie zerreissen und fragen, was Sie denn mit diesem alten Mann wollen." Schien Herberger in gewissen Situationen die Medien ignorieren zu können – Fritz Walter konnte es nie! Kritik war ihm ein Greuel – allerdings nicht der Kritik an sich wegen, sondern weil er wußte, daß sie ihm an die Nieren gehen und seine Leistung beeinträchtigen, sein Wohlbefinden aus dem Gleichgewicht bringen konnte. Und wer läßt sich schon gerne seine Seelenruhe rauben. Daß Fritz Walter sich deshalb im Umgang mit Reportern stets vorsichtig gab und seine Wort sorgfältig abwog, niemals jemand weh tat, ein Meister im unverbindlichem Geplauder war, darf deshalb nicht

weiter verwundern. Es war dies stets ebenso Selbstschutz wie der Verzicht auf das Amt des Bundestrainers. Zu gern hätte Sepp Herberger seinen Fritz Walter als Nachfolger installiert – der jedoch erteilte Korb Nummer zwei. Später bereute er diesen Entschluß, wie (anläßlich des DFB-Angebotes an Franz Beckenbauer, dereinst Schön-Derwall-Nachfolger zu werden) in verschiedensten Zeitungen zu lesen war.
So richtig ereifern vermochte sich Fritz Walter in der Öffentlichkeit nur über zwei Fußball-Themen: über den Bundesliga-Skandal und über das Benehmen blindwütiger Fans in den Fußballstadien. Zum Skandal sagte er 1971: „Ich bin schwer erschüttert! In den ersten beiden Tagen nach Bekanntwerden dieser Dinge konnte ich es überhaupt nicht begreifen, daß so etwas möglich ist. Wenn sich die Beschuldigungen des Herrn Canellas bewahrheiten sollten, dann gibt es für mich nur eins: harte Bestrafung aller Beteiligten! Zurückzuführen ist das Ganze darauf, daß den Spielern die Achtung vor dem Geld fehlt – sie haben heute zuviel davon!"
Und zu Schmähungen deutscher Nationalspieler im Vorfeld der WM 1974: „Ich kann mich sehr gut in die Lage von Franz Beckenbauer oder Wolfgang Overath versetzen, wenn sie in deutschen Stadien ausgepfiffen werden. Man könnte den beiden zuweilen nicht verdenken, wenn sie spontan wieder den Platz verlassen würden. Auch zu unserer Zeit gab es erbitterte Spiele, beispielsweise, wenn Kaiserslautern gegen Neunkirchen, Saarbrükken oder Ludwigshafen antrat. Aber es blieb alles im Rahmen. Die gleichen Zuschauer, die uns auspfiffen, applaudierten bei Lauterer Toren oder spendeten Beifall bei gelungenen Kombinationen. Leidenschaft – ja! Fanatismus – nein!"
So hielt er's immer und so blieb er auch immer sympathisch – wie auf dem Titelblatt des 5. Juli 1954...

Fritz Walter führte den Ball elegant wie selten einer! Schwärmte sein Bruder Ottmar: „Wenn Fritz einen Steilpaß gab – oft über 30, 40 Meter hinweg –, dann wußte man ganz genau, daß es sich lohnen würde, dem Ball hinterherzurennen!". Freilich: Fritz Walter war auch selbst lauffreudig.

Fritz Walter und der Chef

Fritz Walter und Sepp Herberger – selten war das gegenseitige Wirken zwischen Trainer und Spieler so eng verknüpft wie zwischen diesen beiden großen Männern des grünen Rasens. Fritz Walter wußte und weiß, was er dem „Weisen von der Bergstraße" zu verdanken hat. In einem offenen Brief – der anläßlich des 80. Geburtstages von Sepp Herberger im „kicker-sportmagazin" abgedruckt war – brachte Fritz Walter diese Dankbarkeit zum Ausdruck, erinnerte dabei an den großen Triumph, den er gemeinsam mit dem „Chef" anläßlich der Fußball-Weltmeisterschaft 1954 erleben durfte und fuhr fort:

FRITZ WALTER

6753 ENKENBACH-ALSENBORN 2
LEININGER STRASSE 104

Lieber Chef,

Die Zeit allerdings ist fast schon ein wenig darüber hinweggegangen. Unvergessen und unvergänglich aber bleibt, daß Sie der Vater dieses Sieges waren. So, wie ich Sie als Vater meiner eigenen Laufbahn verehre. Sie waren es, der mir Mut machte, als er abhandengekommen schien. Sie waren es, der mir als junger Mann den Weg wies, zum Erfolg, zum Ruhm, der damals noch nicht so spektakulär aufgebauscht wurde wie heute manch weit weniger bedeutendes Ereignis.
Mein Fußball-Leben ohne Sie, unvorstellbar für mich. Der deutsche Fußball stände heute nicht dort, wo er sich befindet, hätte es Sie nicht gegeben. Wäre es nach Ihnen gegangen, hätte es die Bundesliga auch schon zu meiner Zeit und Ihrer Zeit gegeben. Sie sahen die kleinen wie die großen Dinge des großen Fußballs immer schon weit voraus. Deshalb konnten wir uns einst als "Ihre" Nationalspieler so gut in den anderen hineindenken. In unsere Mitspieler ebenso wie in unsere Gegner.
Es war eine einmalig schöne Zeit - ich bin stolz darauf, ein so großes Stück Ihres Weges mit Ihnen gegangen zu sein.

Ihr Fritz Walter

Hier ist Platz
für ein
Autogramm von
Fritz Walter

Uwe Seeler:

Geburtsdatum	5. November 1936
Spiel-Position	Mittelstürmer (bei der WM 1970 auch im Mittelfeld)
Verein	Hamburger SV
Bundesligaspiele	239 bis Ende der Saison 1971/72 (dabei 137 Tore erzielt)
Länderspiele	72 zwischen 1954 und 1970
Größte Erfolge	WM-Teilnahme 1958 (4. Platz); WM-Teilnahme 1962 (im Viertelfinale ausgeschieden); WM-Teilnahme 1966 (2. Platz); WM-Teilnahme 1970 (3. Platz); Deutscher Meister mit dem Hamburger SV (1960); Deutscher Pokalsieger mit dem Hamburger SV (1963); Deutschlands „Fußballer des Jahres" 1960 und 1964; Bundesliga-Torschützenkönig (1964); Mitglied einer Weltelf (1963); Mitglied einer Europa-Auswahl (1964); 43 Tore für Deutschland.
Hobby	Tennis.
Spitzname	„Uns Uwe", „Der Dicke".
Autogramm-Adresse	Uwe Seeler, Ulzburger Str. 94, 2000 Norderstedt 1.

Uns Uwe

Exakt 16 Fußball-Stars der Nachkriegszeit werden in diesem Buch porträtiert – und jeder Einzelne davon weist ein Markenzeichen auf. Franz Bekkenbauer – der genialste; Sepp Maier – der lustigste; Berti Vogts – der kämpferischste; Willi Schulz – der härteste; Fritz Walter – der sensibelste; Wolfgang Overath – der temperamentvollste, um nur einige Beispiele zu nennen. Uwe Seeler wiederum, von dem hier die Rede ist, verdient das Prädikat „populärster und beliebtester" – und das ist nicht nur auf den Personenkreis dieses Buches beschränkt! Nein, vielmehr und zweifelsohne: Uwe Seeler – „Uns Uwe" – ist der populärste und beliebteste deutsche Fußballer aller Zeiten!
810 Begegnungen hat „Der Dicke" (Spitzname) für die 1. Mannschaft „seines" Hamburger SV bestritten, dazu noch rund 400 Spiele für Schüler- und Jugendmannschaften des Hanseaten-Klubs. 72mal streifte er sich das Nationaltrikot über, 3mal stand er in der deutschen B-Auswahl, 10mal lief er zu sogenannten DFB-Auswahlspielen ein, 15mal war er repräsentativ für „Norddeutschland" oder die „Hamburger Stadtauswahl", je einmal wurde er in eine Europa- bzw. Welt-Auswahl einberufen.
Uwe Seeler bezog seine Popularität aus einem nie erlahmenden Kampfgeist, aus Comebacks nach Verletzungen (von denen sich andere nie mehr erholt hätten) – und aus seinen spektakulären Toren, die er im Fallen, Sitzen und Liegen erzielte. Es waren zahlreiche Tore und Statistiker mußten schon akkurat und penibel aufpassen, um keines zu vergessen. Besonders scharf aufgepaßt hat Karl-Heinz Jens, Chef vom Dienst beim „kicker-sportmagazin", der vermutlich beste Uwe-Kenner unter Deutschlands Sportjournalisten. Jens jedenfalls hat alle Uwe-Einschüsse peinlich genau registiert und bei der Addition festgestellt, daß der Hamburger in seiner Karriere rund 1300 Treffer erzielte, wobei in dieser Zahl die in Schüler- und Jugendmannschaften geschossenen Tore bereits berücksichtigt sind. Bei den „Erwachsenen" gab Uwe den Torhütern laut Jens exakt 772mal das Nachsehen und zwar folgendermaßen aufgeschlüsselt:

Oberliga Nord	267 Tore	Europapcup-Spiele	18 Tore
A-Länderspiele	43 Tore	UEFA-Cup-, Messe-Cup- und Intertoto-Spiele	3 Tore
FIFA- und UEFA-Spiele	2 Tore		

DFB-Pokalspiele	43 Tore	Repräsentativ-Spiele	13 Tore
Bundesliga	137 Tore	Endrundenspiele zur Deutschen Meisterschaft	40 Tore
DFB-Auswahlspiele	9 Tore	Freundschafts-Spiele	196 Tore
Benefiz-Spiele	1 Tor		

10mal stand Uwe Seeler zudem in der deutschen Jugend-Auswahl und erzielte dabei 15 Treffer – dabei gleich vier in einer einzigen Partie! Vier Uwe-Tore auf einen Streich durften seine Fans auch 1954 bejubeln, als „Norddeutschland" im Finale gegen „Süddeutschland" den damaligen DFB-Jugend-Länderpokal mit 4:2 gewann. In der „richtigen" Nationalmannschaft gelang Uwe Seeler insgesamt dreimal ein sogenannter „Hat-trick", also drei Tore hintereinander in einem einzigen Spiel.

Bei der Wahl zu Deutschlands „Fußballer des Jahres" gelang ihm zwar kein Hat-trick – aber dreimal trug er den Sieg davon: 1960, 1964 und 1970 – das letztemal also mit 34 Jahren! Bis dahin hatte er 40mal die deutsche Nationalmannschaft als Kapitän auf's Spielfeld geführt und war mit 21 Einsätzen bei vier Weltmeisterschaften (1958, 1962, 1966, 1970) der meistaufgestellte Spieler der Welt anläßlich von WM-Turnieren geworden.

Ein prächtiges Rekordbuch, fürwahr, auf das nicht nur sein Vater Erwin Seeler (57 Auswahlspiele für Hamburg und Norddeutschland) stolz sein konnte. Begonnen hatte die Karriere im Jahre 1953, in dem Uwe als 16-jähriger nicht nur in die deutsche Jugend-Auswahl zu Spielen in Großbritannien gegen England berufen wurde, sondern in dem er auch sein erstes Spiel in der „Ersten" des HSV absolvierte: es war dies ein Freundschaftsspiel und wurde am 15. Augsut mit 1:0 gegen Göttingen 05 gewonnen. Das erste „Punktspiel" folgte bereits 14 Tage später (3:0 in der Oberliga Nord) – und damit auch gleich der Beginn der Tore-Jagd: in der 35. Minute erzielte der Youngster seinen ersten Punktspiel-Treffer.

Die Fußball-Weltmeisterschaft – bei der Deutschland wenige Monate zuvor den Titel gewonnen hatte – erlebte der „Backfisch" (damals gab es in der deutschen Sprache noch keine „Teenager"...) noch vor dem Fernsehgerät. Im Herbst jedoch – am 16. Oktober – wurde er bereits selbst in Herbergers Auswahl berufen! Mit 1:3 gegen Frankreich in Hannover setzte es zwar eine Niederlage ab, aber „das unbekümmerte Spiel des kraftvollen Hamburgers" (so eine Pressestimme) hinterließ nachhaltenden Eindruck, so daß er bereits am 1. Dezember in London gegen England erneut für Deutschland zum Einsatz kam. Auf der Insel gab es zwar eine erneute 1:3-Niederlage, aber Uwe Seeler trug die geringste Schuld daran. Konstatierten Kritiker: „Er hatte in Derwall und Pfeiffer als Nebenleute viel zu wenig Unterstützung!"

1955 folgte ein weiteres Länderspiel (gegen Italien), 1956 das nächste (gegen Holland) und 1957 kein einziges, ehe mit der WM-Teilnahme in Schweden der große Durchbruch erfolgte. Seit diesem Zeitpunkt war Uwe Seeler nicht mehr von der deutschen Nationalmannschaft wegzudenken.

„Uns Uwe" in der Fallrückzieher-Pose, die ihn berühmt machte: sein Kampfgeist bedeutete Ansporn für Mitspieler und Publikum zugleich!

Der Hamburger war keiner, dem die Erfolge allzuleicht in den Schoß fielen. Und Niederlagen einzustecken, das hatte er – siehe die ersten Länderspiele – rasch gelernt. Die eklatantesten und tragischsten in chronologischer Reihenfolge:

1956: Im Endspiel um den DFB-Vereinspokal eine 1:3-Niederlage gegen den Karlsruher SC.

1957: Im Endspiel um die Deutsche Meisterschaft 1:4 gegen Borussia Dortmund. (In diesem Jahr wurde Uwe – am 1. Dezember gegen Bremerhaven – zudem noch vom Platz gestellt, das einzige Mal in seiner Karriere übrigens!)
1958: Im Endspiel um die Deutsche Meisterschaft 0:3 gegen Schalke 04; im Weltmeisterschafts-Halbfinal-Spiel in Göteborg 1:3 gegen Schweden.
1961: Im Halbfinal-Entscheidungsspiel beim Europacup-Wettbewerb der Landesmeister in Brüssel 0:1 gegen den FC Barcelona. (Das dritte Spiel war notwendig geworden, nachdem der HSV in Spanien 0:1 verloren und zu Hause 2:0 geführt hatte – ehe Barcelona 20 Sekunden vor Schlußpfiff noch den Anschlußtreffer erzielte, wodurch beide Teams 2:2 Punkte und 2:2 Tore aufwiesen.)
1962: Im Weltmeisterschafts-Viertelfinal-Spiel in Santiago de Chile 0:1 gegen Jugoslawien.
1966: Im Weltmeisterschafts-Finale in London 2:4 nach Verlängerung gegen England.
1968: Im Europacup-Finale der Pokalsieger in Rotterdam 0:2 gegen AC Mailand.
1970: Im Weltmeisterschafts-Halbfinal-Spiel in Mexiko City 3:4 nach Verlängerung gegen Italien.
Freilich – und das muß hinzugefügt werden – waren diese Niederlagen im Grunde alles bereits große Erfolge, denn: wer in ein Finale vordringt, hat auf dem Wege bis dort hin ja bereits Großartiges geleistet! Nur wird dies in der Stunde der Bitternis zu oft vergessen...
Betrachten wir diese Niederlagen deshalb ruhig als Erfolge – und fügen wir folgende weitere hinzu und zwar jene „restlichen", die in den ersten Absätzen dieses Uwe-Seeler-Kapitels noch nicht erwähnt wurden:
1958: Erstes Länderspiel-Tor seiner Nationalmannschafts-Karriere und zwar in der WM-Vorrunde am 8. Juni im Malmö beim 3:1-Sieg gegen Argentinien.
1960: Im Punktspiel gegen Holstein Kiel (10:2 für den HSV!) erzielt Uwe sechs Treffer – soviel wie nie zuvor und wie nachher in einer einzigen Partie! – Deutscher Meister mit 3:2 gegen den 1. FC Köln. – „Seeler ist populärer als die ganze Weltpolitik!", stellt ein Umfrage-Institut fest. Für ein Seeler-Autogramm müssen zwei Brandt-, vier Adenauer- oder sechs Lübke-Schriftzüge gegeben werden... – Uwe wird Dritter bei der Wahl zu Europas „Fußballer des Jahres".
1961: Eines der größten HSV-Spiele gibt es im Europacup-Viertelfinale der Landesmeister zu sehen, als die Hamburger nach einer 1:3-Niederlage im Hinspiel zu Hause noch 4:1 gegen den englischen Meister FC Burnley gewinnen! – Inter Mailand bietet 1,5 Millionen Mark Ablösesumme, doch Uwe bleibt im Lande und berichtet 15 Jahre später: „Herrera bot mir 1 Million Mark Handgeld und alles frei. Doch ich wollte kein Gefangener von Inter Mailand werden. Also handelte ich aus, daß ich bei 900 000 DM

Noch im Liegen beobachtet Uwe Seeler die Situation im Tor- und Strafraum.

Handgeld nach drei Jahren ohne Ablösesumme nach Deutschland zurück könnte. Als das geschafft war, sagte ich trotzdem ab, was Herrera natürlich nicht begreifen konnte. Aber heute bin ich froh, daß ich es so gemacht habe!"

1963: Deutscher Pokalsieger mit 3:0 gegen Borussia Dortmund. Dreifacher Torschütze: Uwe Seeler... – der bei einer internationalen Journalisten-Umfrage als bester europäischer Mittelstürmer hervorgeht und als „Oscar-Träger" für diese Spielposition vorgeschlagen wird.

1964: Die deutsche Bundesliga wird installiert. Torschützenkönig der ersten Saison: Uwe Seeler natürlich...

1965: Am 20. Februar reißt im Spiel gegen Eintracht Frankfurt Uwes Achillessehne, womit die Laufbahn beendet scheint – aber bereits am 26. September steht der Hamburger wieder in der Nationalelf und erzielt den 2:1-Siegestreffer gegen Schweden, der dem DFB die WM-Teilnahme 1966 sichert. – Zwischen Verletzung und Comeback darf „Uns Uwe" beim Besuch von Königin Elizabeth II. gemeinsam mit fünf Athleten anderer Sportarten den deutschen Sport repräsentieren. – Bei einer Umfrage nach dem sympathischsten Sportler der Bundesrepublik belegt Uwe Seeler den ersten

Rang vor Willi Holdorf und Hans-Jürgen Bäumler. – Bei der Umfrage eines Jugendbuch-Verlages nach den Idolen der heutigen „Teenager" (jetzt hießen die „Backfische" schon so. . .) liegen Kennedy, Winnetou, Albert Schweitzer und Uwe Seeler mit weitem Abstand an der Spitze.

1969: Ernennung zum Ehrenmitglied der türkischen Nationalmannschaft anläßlich des Abschiedsspieles für Metin, in dem Uwe bei Fenerbahce Istanbul mitwirkt. – Eine Rosenzüchtung in Elmshorn erhält den Namen „Uwe Seeler".

1970: Im April zieht Uwe Seeler in's Wachsfiguren-Kabinett von Madame Tussaud in London ein. – Bei seinem Abschiedsspiel von der deutschen Nationalelf (am 9. September in Nürnberg 3:1 gegen Ungarn) wird Uwe Seeler in Anerkennung seiner Verdienste um den deutschen Fußball zum Ehrenspielführer des DFB-Teams ernannt – diese Ehre war zuvor nur dem Kaiserslauterer Fritz Walter zuteil geworden! Außerdem erhält Uwe Seeler als erster deutscher Sportler das „Große Verdienstkreuz zum Verdienstorden der Bundesrepublik Deutschland". – Im Oktober fragt das Wickert-Institut nach dem beliebtesten deutschen Sportler. Uwe Seeler erhält 83 Prozent – und damit eine eindeutige Spitzenposition. – Bei der Wahl zu Deutschlands „Sportler des Jahres" belegt Uwe Seeler den 2. Platz.

1971: Uwe Seeler wird in's Sportgericht des DFB gewählt. – Er schließt einen Filmvertrag (Titel: „Willi wird das Kind schon schaukeln") ab, wobei seine Partner Heinz Erhardt und Hannelore Elsner sind. – Das Wickert-Institut stellt zwölf Fragen und bei sechsen davon liegt Uwe an der Spitze und zwar bei jenen, in denen Repräsentanten für die Begriffe „Fair", „Erfolgreich", „Großer Könner", „Kann sich quälen", „Lange an der Spitze" gesucht werden.

1972: Bei einem Beliebtheits-Test der 14- und 15jährigen rangiert Uwe Seeler an erster Stelle vor Willy Brandt, bei den 14- bis 25jährigen ebenfalls vor Willy Brandt (3.) – aber hinter „Sieger" Peter Alexander... – Am 1. Mai Benefiz-Spiel zugunsten Uwe Seelers gegen eine Weltelf. Es ist dies das erste offizielle Benefizspiel für einen deutschen Fußballer. (Übrigens war auch schon die offizielle DFB-Verabschiedung in Nürnberg die erste dieser Art.) – Der Osnabrücker SC Belm-Powe (Concordia) ernennt Uwe Seeler zu seinem Ehrenmitglied und verleiht dem neu erbauten Sportplatz den Namen „Uwe-Seeler-Kampfbahn". – Am 30. Juni bestreitet Uwe Seeler das letzte Spiel für den HSV: beim 4:2-Sieg über den TSV Westerland erzielt Uwe drei Tore – ein würdiger Abschied!

1973: Am 27. Oktober wird Uwe Seeler mit dem Ehrenschild des DFB für Verdienste um den deutschen Fußball ausgezeichnet. Wenn jemand diese Ehrung verdient hat, dann sicherlich „Uns Uwe"! Dieses Statistik-Kapitel über den Hamburger dürfte das hinreichend bewiesen haben...

Hier ist Platz
für ein
Autogramm von
Uwe Seeler

Wolfgang Overath:

Geburtsdatum	29. September 1943
Spiel-Position	Mittelfeld
Verein	Siegburg 04, 1. FC Köln
Bundesligaspiele	409 bis Ende der Saison 1976/77 (dabei 84 Tore erzielt)
Länderspiele	81 zwischen 1963 und 1974
Großte Erfolge	WM-Teilnahme 1966 (2. Platz); WM-Teilnahme 1970 (3. Platz); WM-Teilnahme 1974 (Weltmeister); Deutscher Meister mit dem 1. FC Köln (1964); Deutscher Pokalsieger mit dem 1. FC Köln in den Jahren 1968 und 1977; Mitglied einer Weltelf im Jahre 1968.
Autogramm-Adresse	Wolfgang Overath, Auf dem Hümmerich 5, 5200 Siegburg-Seligenthal.

Sensible Seele

Es war einmal eine Nachtigall, die verirrte sich in's Fußballstadion. Da saß sie nun am Rande des Rasens, beobachtete interessiert, was sich auf demselben abspielte und pfiff ein gar fröhlich Lied. Ein Kicker namens Overath, der diese Pfiffchen hörte, glaubte, sie würden ihm persönlich gelten. Den ersten Ball, den er in dieser Partie erhielt, gestaltete er deshalb sofort zu einem Fehlpaß. Und weil der erste Paß ein Fehlpaß war, war auch schon das gesamte Spiel im Eimer. Nichts gelang ihm mehr. Gegen Ende der Begegnung verschwand die Nachtigall und jetzt pfiffen die Zuschauer auf den Rängen. Diesmal galten die Pfiffe tatsächlich jenem Overath.

Diese Geschichte ist natürlich von vorne bis hinten erstunken und erlogen. Aber wer Overath kennt, weiß, daß sie sich durchaus zugetragen haben konnte, denn: nie gab es unter den deutschen Weltklasse-Fußballern einen, der nur annähernd so sensibel war wie Wolfgang Overath! Er selbst: „Ich bin keiner wie der Berti Vogts oder der Wolfgang Weber, die auf den Platz gehen und alles abschütteln, die einfach sagen: so, heute will ich – heute kann ich! Ich hatte manches Mal so wenig Selbstvertrauen, daß ich Angst bekam, den ersten Ball anzunehmen oder einen einfachen Paß zu schlagen!"

Sensibilität – das ist die eine Seite des Wolfgang Overath. Die andere, das ist sein – Temperament! Selbst Übungsspielchen, in denen jene mit dem gelben Überzieh-Leibchen gegen jene mit den roten antreten, bringen ihn auf 180, wenn's nicht läuft. Beobachtete „Fußball-Magazin"-Reporter Werner-Johannes Müller: „Beim Training verbraucht er mehr Atemreserven für kritisierende Schreie als auf den letzten Metern eines Spurts." Bei großen Spielen schrie er natürlich noch lauter und was das bedeutet, formuliert ein Kölner Nachwuchsmann so: „Der Wolfgang war ziemlich schwierig im Umgang mit jungen Spielern. Als Youngster mußte man sich erst einmal daran gewöhnen, von ihm während einer Partie gehörig zusammengestaucht zu werden. Aber er meinte es bestimmt nie persönlich, sondern wünschte, daß man davon profitiere."

Als Overath noch jung war, gebährdete er sich nicht minder unduldsam als in späteren Jahren. Fassungslos stand er beispielsweise einem DFB-Paragraphen gegenüber, der besagte, daß ein Auswahlspieler eine Sperre von einem Jahr in Kauf nehmen müsse, wenn er den Klub wechselt. Auch bei

Overath, der 1962 vom SSV Siegburg 04 zum 1. FC Köln transferierte, wurde da keine Ausnahme gemacht.
Zu diesem Zeitpunkt – Overath stand noch im 18. Lebensjahr – hatte der Rheinländer bereits einige Male das Nationaltrikot getragen: beispielsweise 1955 (als 11jähriger!) in einem Schüler-Länderspiel gegen England vor 100 000 Jung-Fans im Wembleystadion zu London und beispielsweise in 13 Jugend-Länderspielen zwischen 1960 und 1962, mit Nebenleuten wie Kurrat, Haseneder, Patzke, Elfert, Wild und Libuda. Das Tor hütete Sepp Maier. Später fügten sich 81 A-Länderspiele hinzu, etliche davon innerhalb von drei Weltmeisterschafts-Turnieren in England 1966, Mexiko 1970 und Deutschland 1974 absolviert. Seinen Abschied vom Punktspiel-Betrieb gab er Ende der Saison 1976/77, nach 13 Jahren, in denen er jede Menge Trainer kennenlernte. Der erste war Schorsch Knöpfle, dann folgten Multhaupt, Merkle, Ocwirk, Lorant, Schlott, Herings, Cajkovski, Stollenwerk und Weisweiler, mit dem er sich am wenigsten verstand. Mit „Tschik", dem Gaudiburschen, war da schon besser auskommen. Die erste Begegnung zwischen dem Rheinländer und dem Jugoslawen fand auf einer Türkei-Reise statt! Erinnert sich Overaths Mannschaftsgefährte Bernd Cullmann: „Tschik begann seine Trainertätigkeit praktisch auf dem Flugplatz in München, stieg zum Europacup-Spiel nach Eskisehir zu. In der Türkei mußten wir eine lange Busfahrt bei großer Hitze machen. Als Tschik einen See entdeckte, ließ er halten und sprang voraus in den See... pudelnackt – und die ganze Mannschaft hinterher."
Tschik war also der lustigste – aber, so Overath, „Helmut Schön der beste", da er bereits in Jugendjahren seine Fähigkeiten erkannte und psychologisches Geschick bewies: „Als 16jähriger hatte ich eine Formkrise, weshalb sie mich in der Westdeutschen Jugendauswahl nur als Linksaußen aufstellten. Der lange Schön aber, der damals noch DFB-Jugendtrainer war, kam gleich zu mir und sagte: ‚Wolfgang, bei mir spielst Du auf Deinem richtigen Platz!'. Und auch später hielt Schön mir die Stange, als ich mein Selbstvertrauen verloren hatte und schlechte Spiele machte. Etwas Wichtigeres kann ein Trainer gar nicht tun. Er muß mit einem reden, reden und nochmals reden, einen wieder aufrichten, zu einem halten. Wenn das der Nationaltrainer kann, dann müßte es der Vereinstrainer doch noch viel besser und leichter können, denn er hat ja Zeit von acht Uhr morgens bis zehn Uhr abends!"
Das mit dem Vereinstrainer sagte Overath in seiner letzten Saison und es war dies eine eindeutige Breitseite gegen Kölns Coach Hennes Weisweiler, mit dem er weit weniger klar kam als mit Schorsch Knöpfle, dem Coach seiner ersten Saison. Knöpfle hatte ja schließlich auch einiges an Vertrauen in den 19jährigen investiert: er warf ihn sofort in das frisch etablierte Stahlbad Bundesliga – nach besagter einjähriger Punktspielsperre!
Allerdings wurde Knöpfles Mut auch prompt belohnt: gleich in der ersten

Auf dem Wege zum Weltmeister-Titel 1974 hatte Deutschland in Hamburg auch gegen Australien anzutreten. Uli Hoeneß (3. von rechts) guckt gespannt zu, was Wolfgang Overath (ganz links) aus dieser Situation machen wird. Deutschland gewann schließlich mit 3:0 Toren.

Partie, im Südwesten Deutschlands gegen den 1. FC Saarbrücken, erzielte Overath das 1:0, das erste Bundesligator des 1. FC Köln! Fünf Bundesligaspiele später stand der Jung-Crack bereits in der Nationalelf – ein bis heute unerreichter Rekord.

Mit dem deutschen Adler auf der Brust lieferte Overath seine glanzvollsten Partien und bei der Weltmeisterschaft 1970 in Mexiko wählten südamerikanische Journalisten ihn zum besten Mittelfeldspieler des Turniers. Schwärmte die größte brasilianische Sportzeitung „Journal de Deportes": „Er hat die Grazie einer Primaballerina, das Durchstehvermögen eines Weltraumfahrers, die Intelligenz eines Einstein und die fußballerischen Qualitäten eines, ja was sollen wir sagen, nehmen wir den größten Superlativ – eben eines Overaths!"

WOLFGANG OVERATH

Auf dem Hümmerich 5
5200 SIEGBURG-SELIGENTHAL

Sehr geehrter Herr Suttner,

Wenn man die internationale Laufbahn beendet hat wie beispielsweise ich nach der Fußball-Weltmeisterschaft 1974, freut es einen natürlich um so mehr, daß man nicht sofort in Vergessenheit geraten ist. In eine "ewige deutsche Elf" nominiert worden zu sein, macht mich deshalb schon in gewissem Maße stolz.

Die Idee, ein derartiges Team zu nominieren, finde ich aber nicht nur deshalb nett, weil etwa ich in der Mannschaftsaufstellung Berücksichtigung fand - nein: es ist dies vielmehr ein Spielchen, das bei den Fußball-Fans für mannigfachen Gesprächsstoff sorgen wird. Und Diskussionen über das runde Leder sind nicht das schlechteste, wie man weiß...

Ich persönlich möchte mich allerdings nicht an der Diskussion beteiligen, denn es wäre sicherlich ungerecht meinerseits, zu behaupten, dieser und jener müßte zugunsten eines anderen Spielers "aufgestellt" zu werden.

Ihrem Buch aber wünsche ich die Diskussionen, die diese Idee verdient und so grüße ich Sie

Herzlichst

Ihr

WM-Finale 1974: Overath gewinnt ein Duell gegen den Holländer Jansen.

Nach Mexiko allerdings wurde es ein bißchen still um ihn – es war Netzer-time! Die Europameisterschaft 1972 erlebte Overath deshalb nur vor dem Fernseh-Apparat. 1974 hingegen stand er wieder in der deutschen Endspiel-Elf, die gegen Holland Weltmeister wurde. 1976 hätte Schön ihn noch gerne bei der Europameisterschaft dabei gehabt, doch Overath dankte bereits vorher ab: „Ich will nicht warten, bis die Leute mich wegen Altersschwäche auspfeifen." Denn nichts fürchtete er – siehe Anfang dieser Geschichte – so sehr wie Pfiffe.

Die meisten Mißfalls-Bekundungen kassierte der Kölner übrigens an jenem Ort, an dem er seinen größten Triumpf, den WM-Gewinn, feierte – in München. An der Isar steckten sie gnadenlos die Finger in den Mund beim Namen Overath. Und dort wurde er – am 3. April 1964 – auch das einzige Mal im Verlauf seiner Karriere vom Platz gestellt und zwar in der 24. Minute einer Partie gegen 1860 München.

Übrigens wäre Overath beinahe in München gelandet! „Wenn wir in unserer schwachen Saison 1968/69 abgestiegen wären, hätte ich mir das Bayern-

Trikot übergestreift." Pech für die Münchner und Glück für Frau Overath, daß der 1. FC Köln sich noch zu retten vermochte. Frau Overath nämlich war es, die jedes Millionen-Angebot, das aus dem Ausland an Herrn Overath herangetragen wurde, im Keime erstickte: „Ich geh' nit mit!"
Ausgesorgt hat Overath trotzdem. Allein zu seinem Abschiedsspiel mit der kompletten Weltmeister-Elf von 1974 kamen 61 000 Overath-Fans, die diesmal kein einziges Mal pfiffen, sondern vielmehr mit rund 250 000 Mark Eintrittsgeld das Adieu versüßten. Mit Overath trat – zweifelsfrei – eine der ganz großen Persönlichkeiten, vielleicht einer der letzten „Regisseure" überhaupt, von der Bundesliga-Bühne ab – nicht ohne zuvor seine Zukunftsgedanken darzulegen, die er Werner-Johannes Müller für einen „Fußball-Magazin"-Report folgendermaßen in den Notizblock diktierte: „Die Bundesliga hat sich hervorragend entwickelt. Fußball in Deutschland ist heute so attraktiv wie nirgend wo anders. Wer sich für das, was bei uns gezeigt wird, nicht interessiert, vom sportlichen her, dem kann man wirklich nicht mehr helfen. Die Berufsauffassung ist bei den Kollegen besser geworden – selbst wenn es noch einige darunter gibt, die vor allem vor eigenem Publikum nach den Knochen treten, wie sie gerade Lust haben. Daheim fühlen sie sich stark – auswärts sind sie dann plötzlich zahm... Und die ganz jungen Spieler sind nicht ganz so leichtfertig wie wir damals! Ihre Einstellung ist profihafter, sie wissen, daß sie viel Geld verdienen können und richten sich danach. – Einige jedoch werden von den Medien zu früh groß gemacht und scheuen sich, bedingungslos weiterzulernen und sich von den erfahrenen Spielern etwas sagen zu lassen. Außerdem fürchte ich, daß der Fußball in Zukunft bald keine Persönlichkeiten mehr hervorbringen kann und die Zahl der großen Stars immer kleiner wird und zwar, weil der moderne Fußball jungen Talenten keinen Raum mehr zur Entwicklung läßt. Kaum kommt ein junger begabter Spieler in die Mannschaft, sagt ihm der Trainer: ‚Nimm Deinen Mann, decke und mach Dampf!'. Er muß also sofort Dreckarbeit verrichten. Zu meiner Anfangszeit und zu jener von Franz Beckenbauer und Günter Netzer hatten wir Zeit und Raum, um unser Talent auszuspielen und zu entwickeln. Da konnte man sein Spiel schon mal machen und einfallsreich sein. Heute sind alle Mannschaften konditionell und arthletisch gleichwertig, jeder schlägt jeden, die Spieler sind durch die Taktik und das Tempo zu sehr eingeengt. Das sind gefährliche Entwicklungen, denn das Spielerische kommt dabei viel zu kurz! Doch bisher hat der Fußball alles überwunden und zumindest langfristig wird sich hoffentlich etwas Neues entwickeln!"
Sicher wird man auch beim 1. FC Köln den Overath-Abschied überwinden und etwas Neues entwickeln. Trotzdem trauerte Müller: „Wenn er zum letzten Mal in Müngersdorf seine Stiefel schnürt, wird es irgendwie ein Aschermittwoch sein. Und ein verrückter Fußball-Jeck wird ihm nachraunen: ‚Alaaf you, Wolfgang Overath'."

Hier ist Platz
für ein
Autogramm von
Wolfgang Overath

Helmut Rahn:

Geburtsdatum	16. August 1929
Spiel-Position	Außenstürmer
Verein	BC Altenessen, Oelde 1909, Sportfreunde Katernberg, Rot-Weiß Essen, SC Twente Enschede (Holland), Meidericher SV.
Bundesligaspiele	19 bis Ende der Saison 1964/65 (dabei 8 Tore erzielt).
Länderspiele	40 zwischen 1951 und 1960 (dabei 21 Tore erzielt).
Größte Erfolge	Weltmeister 1954, WM-Teilnahme 1958 (4. Platz), Deutscher Meister 1955 mit Rot-Weiß Essen.
Spitzname	„Der Boß"
Autogramm-Adresse	Helmut Rahn, Spitzlerstr. 29, 4300 Essen-Frohnhausen.

Der Boß

Mit 5:0 Toren deklassierte im Frühsommer 1977 die deutsche Nationalelf in Köln die Vertretung von Nordirland – ein Erfolg, der nicht zuletzt auf die tollen Flügelläufe und Flankenbälle des 21jährigen Rechtsaußens Rüdiger Abramczik vom FC Schalke 04 zurückzuführen war.
„Hurra!", jubelten da die Medien, „endlich haben wir einen neuen Rahn!"
Wenige Tage später lief die deutsche Nationalelf erneut auf den grünen Rasen – diesmal in Belgrad gegen Jugoslawien. In einem mittelmäßigen Spiel besiegten Schön's Schützlinge die Balkan-Kicker mit 2:1. Abramczik war zwar wieder mit von der Partie, überzeugte jedoch längst nicht so wie in der Nordirland-Begegnung. Konstatierte deshalb die jugoslawische Nachrichten-Agentur „Tanjug": „Man hat uns erzählt, dieser junge Deutsche namens Abramczik wäre ein neuer Helmut Rahn. Wir konnten jedoch feststellen, daß er dies noch längst nicht ist!"
Rahn – das geht aus dieser Einleitung hervor – ist also nach wie vor der Maßstab für jeden Rechtsaußen, der in die deutsche Nationalmannschaft nominiert wird – und dies nicht nur hierzulande, sondern beispielsweise auch in Jugoslawien, wie obige Pressestimme zeigt.
Noch höher als bei den serbo-kroatischen Fans steht Helmut Rahn freilich bei den Ungarn im Kurs! Den Magyaren schließlich versetzte der westdeutsche Kraftbolzen die schlimmsten Schicksals-Stöße – im Weltmeisterschafts-Finale 1954 im Berner Wankdorf-Stadion. 2:0 führten die Puskas, Hidegkuti und Co., auf 1:2 hatte der Nürnberger Halbstürmer Max Morlock verkürzt – dann kam der erste „Schicksalsschlag", den Helmut Rahn den Ungarn versetzte: nach einem raffiniert getretenen Eckball von Fritz Walter glich er in der 19. Minute zum 2:2 aus! Doch es sollte noch dicker kommen und Dr. Fritz Weilenmann schilderte es im „Kicker" so: „85 Minute: Plötzlich, aus dem Mittelfeldangriff heraus, ist Rahn in der Mitte frei. Ottmar Walter paßt ihm weich zurück, Rahn dribbelt, hat links freie Bahn – und der ungarische Torhüter Grosics wirft sich in's lange Eck. Zu spät. 3:2!"
In der Radioreportage des unvergessenen Herbert Zimmermann hörte sich das folgendermaßen an: „Bozsik – immer wieder Bozsik, der rechte Läufer der Ungarn. Er hat den Ball verloren diesmal, gegen Schäfer. Aus dem Hinterhalt müßte Rahn schießen. Tooor! Tooor!! Tooooor!!! Tooooor!!!!

Toor für Deutschland!! Linksschuß von Rahn, Schäfer hat die Flanke nach innen geschlagen, Schäfer hat sich durchgesetzt! 3:2 für Deutschland – fünf Minuten vor dem Spielende! Halten Sie mich für verrückt, halten Sie mich für übergeschnappt – aber ich glaube, auch Fußballer sollten ein Herz haben, sich an der Begeisterung unserer Mannschaft mit freuen und Daumen halten in den letzten viereinhalb Minuten. 3:2 für Ungarn! (Zwischenruf eines Zimmermann-Kollegen in's Mikrophon: „Für Deutschland!") Ich bin auch schon verrückt, Entschuldigung, 3:2 für Deutschland!!"

Dieses Tor, dieses 3:2 – es war das wichtigste in der Fußball-Karriere des Helmut Rahn, erzielt im wichtigsten Spiel seiner Laufbahn. Meinte Dr. Paul Tröger in Rahns Beurteilung in der Weltmeisterschafts-Ausgabe des „Kikker": „Na, Rahns Kritik müßte eigentlich Grosics schreiben, der ungarische Torhüter. So mannschaftsdienlich sah ich Rahn noch nie. Aber dieses Einfügen raubte ihm nicht den Mut, etwas auf eigene Faust zu riskieren. Unvergeßlich die 85. Minute: „Von Rechtsaußen pirscht er sich durch bis in Mittelstürmerposition, legt – von drei Ungarn umkreist – den Ball auf den linken Fuß, und flach saust der Ball in die linke Ecke des Ungarntors, Grosics keine Chance lassend! Seine beiden Tore waren keine Zufallstreffer, denn noch einige Male setzte er tolle Schüsse auf Grosics' Tor, denen nur phantastische Paraden den Erfolg versagten. Am meisten imponierte mir, wie Rahn rochierte (das Zuspiel an Morlock zum ersten Tor gab er aus Linksaußen-Position) und wie er an der Linie pendelte, und sich anbot, um Posipal und Fritz Walter ein Abspiel zu ermöglichen."

Später freilich imponierte Rahn weniger – vor allem, was sein Betragen vor dem Tresen und hinter dem Steuer betraf. Am 17. Dezember 1957 mußte er sich vor dem Gericht wegen Trunkenheit am Steuer sowie wegen Widerstands gegen die Staatsgewalt zur Rechenschaft ziehen lassen: 100 Mark Geldstrafe und zwei Wochen Haft ohne Bewährungsfrist.

Am 8. Juli 1961 wird Helmut Rahn erneut betrunken am Steuer eines Autos erwischt – am 7. März 1962 setzt es dafür vor dem Schöffengericht in Essen 300 Mark Geldstrafe und wegen Wiederholungsfalles vier Wochen Gefängnis ohne Bewährung ab.

Am 16. Januar 1963 schließlich folgt eine weitere böse Überraschung für Rahn: inzwischen bei Enschede/Holland spielend, besuchen seine Kinder nach wie vor die Schule in Deutschland. Rahn liefert seinen Nachwuchs stets persönlich am Schultor ab – und wird an diesem 16.1. gleich von zwei Polizisten mitgenommen, weil er sich noch nicht entschlossen hatte, die Strafe vom Vorjahr anzutreten.

Am 31. Mai 1963 platzt den Vorstands-Herren vom SC Twente Enschede der Kragen – Rahn wird wegen verschiedener disziplinarischer Verstöße fristlos entlassen!

Der „Boß", wie ihn seine Freunde und Mitspieler nennen, wechselt in die deutsche Bundesliga zum Meidericher SV. Das gestreifte Trikot, das er bei

Helmut Rahn — das bedeutet Mut und Risiko auf dem Wege zum gegnerischen Tor! Der „Boß" war dribbelstark und schoß aus allen Lagen.

den „Zebras" tragen muß, scheint nicht gerade ein gutes Omen für die Zukunft, sondern eher ein böses Mahnmal der „Autofahrer"-Vergangenheit zu sein. Doch Rahn kommt mit dem Gesetz nicht mehr in Konflikt — scheint nun jedoch als böser Bube abgestempelt zu sein:
Im Punktspiel gegen Hertha BSC wird er wegen Nachschlagens des Feldes verwiesen und für acht Wochen gesperrt — eine viel zu harte Strafe, wie die Experten damals meinten.
Im März 1964 schließlich vernachlässigt Rahn zum wiederholten Male das Training, wird von seinem Klub bis 7. April gesperrt und zudem mit 300 Mark Geldstrafe belegt.
Soweit das „Sünden-Register" von Rahn, das jedoch die Erinnerung an ihn als populärsten Rechtsaußen, den Deutschland je besaß, zu keiner Zeit beeinträchtigen konnte. Dem „Boß" nahm keiner seine „Fehltritte" so richtig übel — schließlich war er stets die Stimmungs-Kanone innerhalb der Natio-

nalmannschaft. 1954 beispielsweise, während der Weltmeisterschaft in der Schweiz, glänzte er täglich mit einer Parodie, die er auf eine typisch Essener Marktfrau abgab. Das klang dann so:

> „Prima schnittfeste Tomaten, Leut!
> Die prima Oma-Lutsch-Birnen für zahnlose Großmütter!
> 1 a Rotkohl, Weißkohl, Wirsing, Spinat!
> Leute, ich bin das Leben leid, heut wird die Ware verschenkt!
> Wenn keiner kommt, dann leckt mich am ...
> Aaaa sch--on wieder einer da!
> Prima schnittfeste Tomaten!"

Als Rahn später dann Autohändler wurde, konnte er diesen Text – in leichter Abwandlung natürlich... – sicherlich hervorragend verwenden! Charakterisierte ihn Fritz Walter: „Der kraftstrotzende Boß mit seinem unerschöpflichen Vorrat an Blödsinn und Übermut ist menschlich tipptopp und ein feiner Kamerad!" Doch kehren wir zurück auf den grünen Rasen – und hier wiederum ganz zurück, zum Beginn der Rahn'schen Karriere.
Die Laufbahn des explosiven Rechtsaußens begann mitten in den Kriegswirren 1941, als der 12jährige Steppke dem BV Altenessen 1913 beitrat. Freilich war Fußball zu diesem Zeitpunkt nicht unbedingt das Thema, das die Menschheit in Beschlag nahm, so daß die fußballerischen Jugendjahre des Helmut Rahn keine allzugroße Förderung erhielten. Richtig vorwärts ging's mit dem damals schon als Außenstürmer fungierenden Ruhrpottler erst, als er über Oelde 09 im Sommer 1950 zu den Sportfreunden Katernberg kam. Rahn imponierte den Spähern der benachbarten großen Klubs derart, daß ihn bereits eine Saison später Rot-Weiß Essen an Land hievte. Das war im Juni 1951 und Essens damaliger Trainer Karle Hohmann formte den ungeschliffenen Diamanten sozusagen im Expreß-Tempo zu einem Nationalspieler: schon nach rund anderthalb Dutzend Punktspielen für RWE erhielt Rahn die Nominierung in die DFB-Elf! Am 21. November 1951 streifte er sich – in Istanbul gegen die Türkei – zum ersten Mal das Nationaltrikot über. Die Presse lobte den 21jährigen Neuling in höchsten Tönen und empfand ihn als durchaus würdig, die Nachfolgerolle des Augsburger Ernst Lehner zu übernehmen – sozusagen eine akkurate Parallele, wie sie sich später bei Abramcziks Debüt wiederholen sollte. . . Das erste Länderspiel-Tor von Rahn ließ denn auch nicht lange auf sich warten: es folgte bereits im nächsten Länderspiel – auf „Heim-Rasen" in Essen gegen Luxemburg –, wo Rahn den vierten Treffer des 4:1-Sieges erzielte. Übrigens kein „Bomben-Tor", wie man vielleicht vermuten könnte, sondern eher eines der filigranen Sorte! Vielleicht lag das daran, daß Berufskraftfahrer Rahn in seiner Freizeit nicht nur dem runden Leder nachjagte, sondern sich auch äußerst gern mit Billard-Kugeln beschäftigte. Technik

Bereits ein bißchen fülliger geworden, streifte Helmut Rahn sich in der Bundesliga noch das Zebra-Dreß des Meidericher SV aus Duisburg über.

und Gefühl vom grünen Samttisch vermochte Rahn durchaus auch auf den grünen Rasen zu übertragen...

Die nächste große Station war dann 1954, das in diesem Kapitel bereits ausführlich gewürdigt worden ist. Übrigens stand Rahn bei dieser 54er-WM nicht von Anfang an im Team, sondern bestritt seinen ersten WM-Einsatz erst im zweiten Spiel – das mit 3:8 gegen Ungarn gleich saftig in die Binsen ging. Rahn erzielte freilich „sein" Tor und hatte damit den technisch versierteren Schalker Berni Klodt aus der Mannschaft gedrängt. Gestand später der damalige Bundestrainer Sepp Herberger: „Es war dies eine meiner schwersten Entscheidungen gewesen, aber ich hatte glücklicherweise die richtige Wahl getroffen..."

Im Viertelfinal-Spiel gegen Jugoslawien dokumentierte sich das eindeutig: 1:0 führte Deutschland, die Jugos drängten und drängten, der Ausgleich schien nur noch eine Frage der Zeit – als Rahn wie aus heiterem Himmel das erlösende 2:0 schaffte. Beim 6:1-Halbfinal-Sieg über Österreich war der „Boß" zwar nicht am Torsegen beteiligt – dafür jedoch gleich zweimal im

Finale des 4. Juli im Berner Wankdorfstadion. Er selbst damals zu den Reportern in der Kabine, knochentrocken: „Als wir auf 2:2 herangekommen waren, konnte doch nichts mehr schief gehen! Als ich die Maßflanke von Schäfer erhielt, legte ich mir den glatten Ball noch einmal auf den linken Fuß und schoß einfach drauflos. Na, und als ich Grosics fallen und nicht mehr an das Leder herankommen sah, wußte ich alles...“
14 Tage später konnte Rahn aus den Händen von Bundespräsident Professor Theodor Heuss das „Silberne Lorbeerblatt“ entgegennehmen – bei der „Wahl zum Sportler des Jahres 1954“ reichte es allerdings nur zum 18. Platz. 1955 wurde Rahn mit Rot-Weiß-Essen Deutscher Meister – ehe einige magere Jahre folgten.
1958 plötzlich lief Rahn – dank intensiverem und regelmäßigerem Training – wieder zu Hochform auf, was Herberger dazu bewog, den „Boß“ in den WM-Kader für Schweden 1958 zu berufen. Zwei Treffer beim 3:1-Sieg über Argentinien, je ein Tor bei den beiden 2:2-Unentschieden gegen Nordirland und gegen die Tschechoslowakei sowie der einzige und somit entscheidende Einschuß in der Partie Jugoslawien gegen Deutschland rechtfertigten Herbergers Vertrauen in „seinen Weltmeister“.
Der „Boß“ – das war halt einer. Heutzutage würde er reich werden mit seinen Fußball-Künsten – damals machte er eine Nation reich, der er den WM-Titel 1954 bescherte. Ein schweres Erbe also, das Rüdiger Abramczik da anzutreten hat...

Es darf gelacht werden...

„Hans Schäfer und Helmut Rahn sind die besten deutschen Außenstürmer der letzten dreißig Jahre!“, sagte Fritz Walter im Jahre 1975 anläßlich eines Interviews mit „kicker“-Chefkommentator Hans Fiederer. Hans Schäfer – das war der Linksaußen mit der herzhaften Lache. Und Helmut Rahn – das war nicht nur ein „Bomber“ auf dem grünen Rasen, sondern auch eine Stimmungskanone ohnegleichen. Witze konnte er erzählen wie kein anderer! Der nachstehende Witz stammt zwar nicht von ihm – aber weitererzählen wird er ihn bestimmt...

*

Endspiel der Fußball-Weltmeisterschaft im Jahre neunzehnhundertsoundsoviel. Es stehen sich gegenüber: Ungarn und die UdSSR. Es siegen: sensationell hoch mit 5:1 die Magyaren! Spontan sendet die oberste Parteiführung der Sowjetunion ein Glückwunsch-Telegramm an die ungarische KP. Der Inhalt des Telegramms:
liebe genossen – – stop – – wir gratulieren – – stop – – recht herzlich – – stop – – zu diesem großartigen triumph – – stop – – ihr seid – – stop – – die besseren gewesen – – stop – – erdgas – – stop – – erdoel – – stop!

Hier ist Platz
für ein
Autogramm von
Helmut Rahn

Gerd Müller:

Geburtsdatum	3. November 1945
Spiel-Position	Mittelstürmer
Verein	TSV Nördlingen, FC Bayern München
Bundesligaspiele	375 bis Ende der Saison 1976/77 (dabei 332 Tore erzielt)
Länderspiele	62 zwischen 1966 und 1974
Tore	68 für Deutschland
Größte Erfolge	WM-Teilnahme 1970 (3. Platz); EM-Teilnahme 1972 (Europameister); WM-Teilnahme 1974 (Weltmeister); Deutscher Meister 1969, 1972, 1973 und 1974; Deutscher Pokalsieger 1966, 1967, 1969 und 1971; Europacup-Sieger der Landesmeister 1974, 1975 und 1976; Europacup-Sieger der Pokalsieger (1967); Weltpokalsieger 1976. Deutschlands „Fußballer des Jahres" 1967 und 1969; Europas „Fußballer des Jahres" 1970; Torschützenkönig der WM 1970; Bundesliga-Torschützkönig 1967, 1969, 1970, 1972, 1973 und 1974; Europas Torschützenkönig 1970 und 1972.
Spitzname	„Bomber der Nation"
Autogramm-Adresse	Ludwig-Thoma-Str. 12, 8021 Straßlach.

Bomber der Nation

„Jugend 76" nannte sich ein Report der Hamburger Illustrierten „Stern" und die Teenager wurden darin repräsentativ nach ihren Idolen befragt. Gerd Müller – genannt der „Bomber der Nation" – erhielt dabei die Sympathie-Note 2,1 und lag damit gleichauf mit Bundespräsident Walter Scheel, gleichauf mit dem ostfriesischen Blödel-Otto und gleichauf mit dem Krümelmonster von der Sesamstraße.

Lediglich Urwald-Doktor Albert Schweitzer und Ski-Königin Rosi Mittermaier (beide je 1,7) konnten sich vor Müller placieren, während der Bayern-Kicker immerhin Helmut Schmidt, Udo Lindenberg, Ernst Albrecht, Heinrich Böll, Helmut Kohl, Vicky Leandros, Willy Brandt, Hans-Dietrich Genscher, Gerald Ford, Werner Höfer, Peter Merseburger, Heino, Dieter Thomas Heck, Mao Tse-tung, Maggie Mae, Heidi Wieczorek-Zeul, Franz Josef Strauß, Leonid Breschnjew, Frankenstein, Alice Schwartzer, Gerhard Löwenthal und Ulrike Meinhof hinter sich ließ, ganz zu schweigen von Adolf Hitler.

Außerdem ist Müller nicht nur beliebt, sondern auch bekannt: 84 Prozent aller Befragten kannten ihn – auf einen höheren Wert kamen von den bereits Aufgeführten lediglich Schmidt, Scheel, Kohl, Brandt, Strauß, Hitler, Heino, Heck und Rosi.

Die Aufzählung beider Resultate – Beliebtheit und Bekanntheit – beweist, daß Müller nicht nur im Metier des grünen Rasens ein Begriff ist. Jedes Lieschen Müller kennt Gerd Müller – am besten freilich kennen ihn Uschi Müller (die Ehefrau) und Nicole Müller (das Töchterchen).

Seine Gegenspieler glaubten meistens ebenfalls, ihn durch und durch zu kennen. Kein Stürmer auf dem Erdball wurde vermutlich so intensiv beobachtet und studiert wir dieser unscheinbare Herr Müller mit Geburtsort Nördlingen, Wohnsitz Straßlach und Arbeitsplatz München. Jegliche Beobachtung freilich war zwecklos – der „Bomber" bombte immer wieder!

Achteten seine Sonderbewacher auf Müllers rechten Fuß – dann schlug er mit dem linken zu! Achteten sie neben dem rechten nun auch noch auf den linken Fuß – dann war ein Kopfball dran! Und achteten sie auf Spann, Rist, Schienbein, Absatz (jeweils rechts und links selbstverständlich...) und schließlich auch noch auf den Kopf – dann erledigte er es halt mit Knie,

Brust, Rücken. Manchmal sogar mit dem verlängerten Rücken, das war dann besonders peinlich für die Gegner.
Freilich war nicht jeder Schuß ein Müller-Treffer. Manchmal war's zum Verzweifeln! Eine dicke Chance nach der andern versiebte er und seine Gegner fühlten sich in Sicherheit – was sich meist ganz fürchterlich rächte: Müller schlug dann doch noch zu, zwei-, dreimal hintereinander. „Das ist ein Phänomen", stellte einer seiner Bewacher bei Gelegenheit fest, „und wer diesem Phänomen statt 90 Minuten nur 89 Minuten und 59 Sekunden voll konzentriert gegenüber steht, wird sein blaues Wunder erleben: in der restlichen Sekunde erzielt Gerd Müller garantiert ein Tor!"
Die Summe aller Einschüsse ergab so nach und nach den Ehrennamen eines „Bombers der Nation", was im Grunde freilich völlig falsch ist, denn: Gerd Müller erzielte keine „Granaten", abgefeuert außerhalb des Strafraums, sondern sogenannte „verrückte Tore" – mit Gefühl, mit Effet, mit List, mit Tücke, mit Kaltschnäuzigkeit, kurz: mit „Riecher"! Kommentierte Werner-Johannes Müller im Fachblatt „Fußball-Magazin": „Müller ist der Mann der entscheidenden Tore: der qualitativ wichtigsten, der Tore zum 1:0-Sieg, der Tore kurz vor der Halbzeit, der Tore in der 89. Minute."
Und natürlich der raffiniertesten Tore, wie etwa jenes, das er am 10. September 1976 in einem mehr oder weniger bedeutungslosen Bundesligaspiel (9:0 gegen Tennis Borussia Berlin) erzielte: Gerd fing einen Rückpaß ab, legte eine Drehung ein, landete auf dem Hintern, rappelte sich wieder auf – und erzielte im Aufstehen einen scheinbar wundersamen Treffer. „Drei Ballberührungen innerhalb von acht Zehntelsekunden!", staunte ZDF-Redakteur Eberhard Figgemeier, der die Aktion mitgestoppt hatte. Fünfmal insgesamt durfte Müller sich an diesem Abend über ein Tor freuen – und bereits fünfmal in seiner Karriere sind ihm „fünf auf einen Streich" gelungen. Was Wunder, daß wahre Schreckensnachrichten in den gegnerischen Strafräumen und ausländischen Zeitungen über ihn verbreitet wurden. In Spanien nannten sie Müller den „Henker" und das Glasgower Massenblatt „Daily Record" schilderte ihn als einen Torjäger, der „aus dem heiteren blauen Himmel herniederstürzt wie ein Stuka-Bomber und tödliches Verderben bringt".
Doch wie gesagt: weder der „Bomber der Nation" noch der „Stuka-Bomber" war das, was einen typischen „Bomber" auszeichnet. Journalist Werner-Johannes Müller über Fußballspieler Gerd Müller: „Die Strafräume der Fußballwelt erlebten ihn in all den Jahren eher als perfiden Leisetreter, als einen, der seine unglaublichen Tore stets durch das Schlüsselloch ‚reinzuschieben' pflegte." So nannte man ihn einen „Guerilla des Strafraums", was weitaus treffender als das „Bomber"-Beispiel war.
68 Treffer erzielte der Albtraum aller Torsteher in 62 Länderspielen für die deutsche Nationalmannschaft; 332 Einschüsse verzeichnete das Strafraum-Gespenst bis Ende der Saison 1976/77 in der Bundesliga; 36mal müllerte

Höhepunkt der Müller'schen Karriere: der 2:1-Siegestreffer (Foto) im Fußball-WM-Finale von 1974 gegen Holland im Münchner Olympiastadion!

Müller im Europacup der Meister; 20mal im Europacup der Cup-Sieger; 7mal im Messecup; 3mal im europäischen Super-Cup; 1mal im Welt-Pokal; 12mal im deutschen Liga-Pokal; 72mal im DFB-Pokal; 33mal in der Regionalliga-Süd-Saison 1964/65; 6mal in der an diese Regionalliga-Saison sich anschließende Bundesliga-Aufstiegsrunde – und selbst in seinem einzigen Junioren-Länderspiel gab's ein Müller-Tor...

„Fast noch aufschlußreicher", konstatierte der Münchner Journalist Michael Steinbrecher, „wird Müllers ‚Wert', wenn man die Bilanz jener Spiele zieht, in denen er nicht mitwirken konnte". Bittesehr: Zwischen dem 12. Oktober 1966 (erster Müller-Einsatz gegen die Türkei in Ankara) und 7. Juli 1974 (letzter Müller-Einsatz im Münchner WM-Finale gegen Holland) absolvierte die deutsche Nationalmannschaft 80 Länderspiele. 62mal war Gerd Müller dabei und es wurden 45 Partien gewonnen, 9 endeten Unentschieden, 8 gingen in die Binsen. Bilanz: 99:25 Punkte und 143:43 Tore.

Durchschnitt pro Spiel: 1,59 Pluspunkte und 2,30 erzielte Tore für Deutschland.
In 18 besagter 80 Länderspiele fehlte Gerd Müller. 8 dieser müllerlosen Partien wurden gewonnen, 6 endeten unentschieden, 4 gingen verloren. Bilanz: 22:14 Punkte und 27:16 Tore. Durchschnitt pro Spiel: 1,22 Pluspunkte und 1,50 erzielte Tore für Deutschland.
Es darf also festgestellt werden: in den Spielen, in denen Müller mitwirkte, erzielte Deutschland pro Länderspiel 53,3 Prozent mehr Tore als in jenen Spielen, in dener der Rackerer an vorderster Front fehlte! Müller allein war sozusagen der halbe Sturm — rein statistisch. In Wirklichkeit war er alleine oft sogar der ganze Sturm...
Wenn Müller fehlte, fehlte vielleicht nicht unbedingt die Seele des Spiels, zumindest jedoch das Herz. Beckenbauer fungierte sozusagen als gesetzgebende Legislative — und Müller als vollstreckende Exekutive. Die Doppelpässe der beiden Super-Asse hoben alles aus den Angeln.
Daß Müller kein „Bomber" war, haben wir bereits festgestellt. Dies trifft allerdings nicht nur auf das Geschehen innerhalb des Rasenrechtecks zu, sondern besitzt auch Gültigkeit für die körperliche Ausstattung: mit 73 Kilogramm Körpergewicht bei 1,76 Meter Größe ist er alles andere als ein „Bulle" oder „Reisser", eher eine Art flinkes Wiesel.
Wiesel sind nur schwer zu fassen, sie entwischen noch im letzten Moment, wenn man sie bereits sicher im Griff zu haben glaubt. Darum ist auch keiner zimperlich, wenn er so ein Wiesel schnappen will — Müller kann ein Lied davon singen, mit welchen Methoden die Bewacher seinen Wirkungskreis einzudämmen versuchten. Doch Müller stürzte sich stets mutig und tapfer in's Kampfgetümmel — was nicht ohne Folgen blieb: 1967 Spielpause wegen einer Unterarmverletzung; 1975 Spielpause wegen einer Oberschenkelverletzung, 1977 Spielpause wegen einer Bandscheiben-Operation.
Auch 1968 hatte Gerd Müller Zeit zum Zuschauen — als er nach einer Tätlichkeit in der Partie gegen Hannover 96 vom Platz gestellt wurde. Wer dauernd einsteckt, läuft leicht Gefahr, auch einmal austeilen zu wollen — vor allem, wenn man das Temperament eines Gerd Müller besitzt. Die Schiedsrichter kennen Müllers Temperament — und Müller kennt die Gelbe Karte, die ihm gelegentlich wegen „Meckerns" vor den Vollbart gehalten wird.
Seit Franz Beckenbauer nicht mehr für die Bayern kickt, muß Müller seine Zunge freilich ein bißchen besser im Zaum halten: er ist jetzt der Mannschaftskapitän — und zwar ein engagierter! Aber etwas anderes als Engagement hatte sich von Gerd Müller ja auch niemand erwartet...

Hier ist Platz
für ein
Autogramm von
Gerd Müller

Hans Schäfer:

Geburtsdatum	19. Oktober 1927
Spiel-Position	Außen- und Halbstürmer
Verein	Rot-Weiß Zollstock, VfR Volkmarsen, 1. FC Köln
Bundesligaspiele	39 bis Ende der Saison 1964/65 (dabei 20 Tore erzielt)
Länderspiele	39 zwischen 1952 und 1962
Größte Erfolge	WM-Teilnahme 1954 (Weltmeister); WM-Teilnahme 1958 (4. Platz); WM-Teilnahme 1962 (im Viertelfinale ausgeschieden); Deutscher Meister mit dem 1. FC Köln in den Jahren 1962 und 1964; Deutschlands „Fußballer des Jahres" (1963).
Autogramm-Adresse	Hans Schäfer, Franzstraße 77, 5000 Köln-Lindenthal

Tadelloser Windhund

Fußballtrainer Max Merkel („Mit Zuckerbrot und Peitsche“) wird die Aussage in den Mund gelegt, der zufolge Torhüter und Linksaußen „komische Vögel“ seien — ein Umstand, der sicher auf persönliche Erfahrungen des Meistermachers im Umgang mit Keepern und Flügelflitzern zurückzuführen ist. Vielleicht hätter der Wiener Coach seine „Macken“-Meinung über Vertreter dieser Spielpositionen revidiert, wenn er Gelegenheit gehabt hätte, den Kölner Linksaußen Hans („Hänschen“) Schäfer zu trainieren.
Linksaußen Schäfer nämlich hatte alles andere als eine „Macke“, sondern verkörperte vielmehr das Bild eines macke- und makellosen, unauffälligen und untadeligen Sportmanns, dem nichts mehr zuwider war, als Aufheben und Publicity um die eigene Person. Autogrammwünsche erfüllte er nur voller Verlegenheit und bei Interviews ließ er lieber wortgewandteren Kollegen den Vortritt — die Bescheidenheit in Person sozusagen!
Eine Bescheidenheit freilich, die durchaus Autorität auszustrahlen wußte — wie sonst hätte Bundestrainer Sepp Herberger ihn, das Schäfer Hänschen, ab 10. März 1957 in Wien (wo Deutschland 3:2 gegen Österreich gewann) zum Kapitän der Nationalmannschaft bestellt! Und wie sonst hätte Schäfer es schaffen können, daß die Sportjournalisten ihn 1963 zu „Deutschlands Fußballer des Jahres“ gewählt hätten! Und auf dem Spielfeld schließlich, da bestimmte er — nicht mehr als Linksaußen, sondern als „Halblinker“ — beim 1. FC Köln ohnehin Tempo und Gangart: beschleunigte Schäfer — beschleunigten alle, drosselte Schäfer — dann drosselten eben alle!
Bescheidenheit und Autorität vertragen sich also durchaus. Und auch Bescheidenheit und Selbstbewußtsein schließen sich nicht aus. Schäfer beispielsweise war enorm selbstbewußt! Vor schwierigsten Begegnungen lautete seine Parole: „Leicht wird es nicht werden — aber wir werden die Burschen schon packen!“ Lampenfieber war ihm ein Fremdwort, im Gegenteil, „er brannte geradezu darauf, das Spiel in Angriff nehmen zu können!“, wie Fritz Walter einmal formulierte und hinzufügte: „Außerdem hatte er eine unwahrscheinliche Lache...“ Der Öffentlichkeit freilich blieb diese Lache verborgen, denn auf dem grünen Rasen war Schäfer, wie gesagt, ein ernster und gewissenhafter Mensch.
„Das Spiel in Angriff nehmen zu können“ — das ist wörtlich zu nehmen,

denn: Schäfer war ein ausgesprochener Angriffsspieler, der stets auf geradlinigstem Weg dem gegnerischen Gehäuse zustrebte – und so oft erfolgreich abschloß wie nur Wenige. 465 Treffer beispielsweise erzielte er für den 1. FC Köln, 15 Tore für die Nationalmannschaft, 25 Einschüsse für mittelrheinische oder westdeutsche Auswahlteams und einen für die B-Equipe des DFB. Macht zusammen 506, wobei für die Schüler- und Jugendspiele in den Mannschaften von VfR Volksmarsen, DJK Rheinland und Rotweiß Zollstock in etwa der gleiche Maßstab angelegt werden darf. Summasummarum also mehr als tausend Tore in rund ebensovielen Spielen.
Den kuriosesten Treffer erzielte der gebürtige Köln-Sülzer dabei am 11. Juni 1958 im Weltmeisterschafts-Vorrundenspiel gegen die Tschechoslowakei im schwedischen Hälsingborg. 0:2 lag die deutsche Mannschaft bereits zurück, als in der 59. Minute CSSR-Keeper Dolejsi einen Kopfball Uwe Seelers falsch berechnete. Rückwärts hechtend versuchte der tschechoslowakische Schlußmann das Leder unter Kontrolle zu bringen, schnappte sich tatsächlich den Ball – aber Hans Schäfer hatte Dolejsi inmitten dieser Aktion gerempelt, so daß der Torwart mit der Kugel in den Armen in's Gehäuse fiel. Verzweifelt versuchte Dolejsi noch, den Ball unter dem Körper über die Linie nach vorne zu schmuggeln – zu spät! Der englische Schiedsrichter Ellis, der das Geschehen nur mäßig entfernt unmittelbar beobachtet hatte, deutete auf den Anstoßkreis. Der Brite anerkannte erstens die Schäfer-Attacke als regelgerecht, da der Kölner bei seinem Rempelversuch den rechten Arm „ordnungsgemäß" am eigenen Körper angelegt hatte und zweitens sah Ellis eigenen „Ermittlungen" zufolge den Ball die Torlinie weit genug überschreiten. Die Partie endete schließlich 2:2.
Weitaus wichtiger freilich noch als der eigene Einschuß zum 1:2-Anschlußtreffer gegen die CSSR muß die Vorarbeit betrachtet werden, die Hans Schäfer vier Jahre zuvor im Weltmeisterschafts-Endspiel gegen Ungarn zum 3:2 leistete: der Kölner hatte in der 85. Minute Jozsef Bozsik, dem „rechten Läufer" der Magyaren, den Ball abgeknöpft und blitzschnell zu Rahn geflankt, der das entscheidende 3:2 für Deutschland erzielte.
Es war dies sozusagen die wichtigste Flanke der gesamten Schäfer-Karriere. Die Entscheidung der WM-Reporter – ihn gemeinsam mit dem Budapester Zoltan Czibor als besten Linksaußen des Turniers zu küren – war freilich bereits vor jener 85. Minute gefallen. Rund 300 Sekunden später durfte Hans Schäfer sich „Weltmeister" nennen und Dr. Paul Tröger urteilte in seiner Finalspiel-Kritik folgendermaßen über den Flügelflitzer: „Seine Kölner hätten ihn heute sehen sollen! Er war die deutsche Angriffsspitze, raufte sich aufopferungsvoll mit Buzansky, Lantos und Lorant herum. Schäfer wurde nie müde, zu laufen, zu rochieren, verlorenen Bällen nachzujagen. Er war wie ein Windhund, den niemand an die Kette legen kann. Und er schoß mutig und selbstbewußt wie Rahn – ein Fanal beispielsweise sein Schuß in der 3. Minute, der nur knapp über die Latte strich." Lobte später

Eines von tausend Schäfer-Toren: gegen den 1. FC Kaiserslautern erzielte der Kölner (auf dem Foto ganz rechts) das 3:2 für seine Mannschaft.

auch Sepp Herberger in der Schäfer-Biographie „Tausend Spiele – tausend Tore":
„Auf Hans Schäfer bin ich schon aufmerksam geworden, als an eine neue Nationalmannschaft noch gar nicht zu denken war. Das war im Jahre 1948, als wir die ersten repräsentativen Spiele für den Westdeutschen Fußball-Verband vorbereiteten, als ich in seinem Auftrage und für die Stadt Köln einige Kurse durchführte. Schon damals lernte ich alle Kölner Spieler kennen. Hans Schäfer zählte zum Kreis der westdeutschen Mannschaft. In einem inoffiziellen Länderspiel spielte er dann gegen das Saarland. 1952 machte er sein erstes offizielles Spiel zusammen mit Horst Eckel gegen die Schweiz. Ab 1953 ging es dann Zug um Zug. Wenn ich so an die berühmten Linksaußen unserer Nationalelf denke, dann möchte ich sagen, daß keiner von ihnen so zielstrebig war wie Hans Schäfer. Ich kenne einfach keinen. Durch seine Schnelligkeit und seinen Zug aufs gegnerische Tor erinnerte er

HANS SCHÄFER 5 KÖLN-LINDENTHAL,
FRANZSTRASSE 77

An die Redaktion
des Buches "Für
Deutschland am Ball" 5. Mai 1977

Sehr geehrter Herr Suttner,

die Idee, eine "ewige deutsche Nachkriegs-Elf" zu nominieren, finde ich ausgezeichnet! Herzlichen Dank auch für das Kompliment, indem Sie mich als "Linksaussen" bei der Aufstellung berücksichtigten.

Ich könnte mir durchaus vorstellen, dass dieses Team nicht nur auf dem Papier, sondern auch auf dem grünen Rasen gut aussehen würde. Nur zur Position des "Vorstoppers" hätte ich noch eine Ergänzung und zwar Jupp Posipal vom Hamburger SV, der ja ebenfalls das WM-Finale 1954 mitbestritt.

Ihrem Buch wünsche ich viel Erfolg und
so verbleibe ich
mit sportlichen Grüssen

Ihr
Hans Schäfer

Wer ist schneller: „Radi" Radenkovic (links) oder „Hänschen" Schäfer?

mich an Hans Sutor, der in den zwanziger Jahren für den 1. FC Nürnberg spielte, aber Hans Schäfer hatte viel mehr Druck, er war athletischer und er war der größere Kämpfer. Der Kölner hat mir während seiner Zeit als Nationalspieler viel Freude bereitet. Als er sich später vom Linksaußen auf Halbstürmer umstellte, da half ihm seine große Erfahrung. Er war immer ein ausgezeichneter Kamerad und dazu ein Mann, der wie wenige an sich gearbeitet hat."

Schäfers Qualitäten wurden natürlich auch im Ausland vermerkt und natürlich nicht erst bei diesem WM-Turnier in der Schweiz! Staunte beispielsweise die Fachzeitung „Sport" (Zürich) nach einem WM-Vorbereitungsspiel der Herberger-Truppe, das am 25. April 1954 mit 5:3 in Basel gegen die Schweizer Auswahl gewonnen wurde: „Dieser junge Schäfer aus Köln ist ein wahrer Vollblutstürmer, einer, der mit unwahrscheinlichem Instinkt seine Chance riecht, und der zu einem Fritz Walter paßt wie der Schlüssel zum Schloß. Beide zu halten, ist auf die Dauer unmöglich."

Um Schäfer dennoch bremsen zu können, griffen die gegnerischen Verteidiger zu allen nur erdenklichen Tricks — und nicht immer zu den fairsten! 1958 — beim Weltmeisterschafts-Vorrundenspiel im schwedischen Malmö gegen Argentinien — ging Schäfer zu Boden wie ein ausgezählter Boxer: ein südamerikanischer Abwehrspieler hatte ihm eine Art Karate-Hieb gegen den Kehlkopf verpaßt. Minutenlang mußte Schäfer von Masseur Erich Deuser behandelt werden, mit dem Erfolg, daß er immerhin bis zum Schlußpfiff durchhielt, jedoch nur noch ein „halbes Hänschen" war.
Die Partie wurde von Deutschland zwar trotzdem noch mit 3:1 gewonnen — aber die schlechte Erinnerung in punkto Südamerika blieb haften und wurde sicher nicht besser durch die Tatsache, daß Schäfer und seine Kameraden vier Jahre später beim Weltmeisterschafts-Turnier auf diesem Kontinent bereits im Viertelfinale mit 0:1 gegen Jugoslawien ausschieden.
1962 wurde also zum Nationalmannschafts-„Reinfall" und selbst das in Deutschland beim Abflug nach Chile gehißte Transparent mit der Aufschrift „Laßt das mal den Schäfer machen — Schäfer macht die tollsten Sachen!" hatte da nichts mehr genützt. Immerhin konnte der Kölner wenigstens einen „persönlichen Triumph" feiern: mit der WM-Teilnahme 1962 avancierte er zum ersten deutschen Nationalspieler, der drei Weltmeisterschafts-Spektakel mitgemacht hatte! Übertroffen wurde er in dieser Hinsicht bis heute lediglich von Uwe Seeler und Karl-Heinz Schnellinger, die beide in den Jahren 1958, 1962, 1966 und 1970 mit von der Partie waren.
Ein weiterer bemerkenswerter „Rekord": Hans Schäfer wurde in seiner gesamten Karriere kein einziges Mal vom Platz gestellt! Böse Zungen behaupteten zwar, daß dies daran gelegen habe, weil der aus dem Friseurfach stammende Linksfüßler mit der ranken, schlanken Dressman-Figur am 28. April 1953 ein gewisses Fräulein Isis heiratete, deren Vater kein geringerer als DFB-Schiedsrichter-Obmann Degenhard Wolff war — aber hinter diesen Stimmen steckte lediglich der Neid. Denn merke: auch bescheidene Menschen werden oft beneidet — zumal, wenn sie erfolgreich sind...

Hier ist Platz
für ein
Autogramm von
Hans Schäfer

Toni Turek:

Geburtsdatum	18. Januar 1919
Spiel-Position	Torhüter
Verein	Duisburg 1900, Duisburg 48/49, SSV Ulm, Eintracht Frankfurt, Fortuna Düsseldorf und Borussia Mönchengladbach
Länderspiele	20 zwischen 1950 und 1954
Größte Erfolge	WM-Teilnahme 1954 (Weltmeister)
Autogramm-Adresse	Toni Turek, Rubensstraße 15, 4044 Karst

Unhaltbare gehalten

Sie rasen aufeinander los wie zwei amerikanische Football-Player im Kampf um das Rugby-Ei. Der eine – Ungarns Nationalstürmer Zoltan Czibor aus Budapest – saust mutterseelenallein auf das Tor der deutschen Nationalmannschaft zu, der andere – Keeper Toni Turek aus Düsseldorf – eilt nicht minder rasch aus seinem Kasten heraus. Der Zusammenstoß, der unvermeidliche, nimmt sich aus wie das Aufeinanderprallen zweier herrenloser Dampflokomotiven; Czibor wird emporgeschleudert, als sei er eine seelenlose Strohpuppe, überschlägt sich drei-, viermal – und auch Turek bleibt besinnungslos liegen!

Aufgeregt stürzt Deutschlands Masseur Erich Deuser auf den Rasen des Berner Wankdorfstadions und bearbeitet Brust und Nacken des Mannes mit der Nummer 1 auf dem Rücken. „Toni!", stöhnt Team-Kapitän Fritz Walter in sich hinein, „Toni, mach' bloß keine Sachen! Du kannst uns jetzt doch nicht im Stich lassen – steh' auf, steh' auf!"

Der Toni läßt niemand im Stich, steht wirklich wieder auf, schüttelt sich brummelnd den eisenharten Schädel und kehrt in sein Gehäuse zurück. 2:2 steht es in diesem Moment, 2:2 unentschieden zwischen Deutschland und Ungarn. Es ist das Weltmeisterschafts-Finale von 1954 und die Magyaren drängen mit aller Macht auf den Führungstreffer. Doch er will und will einfach nicht fallen! Zu konzentriert paßt jetzt das deutsche Team auf – und gelingt den Puszta-Bombern tatsächlich einmal ein Durchbruch, dann steht da dieser Teufelskerl namens Turek im Tor! Teufelskerl? Der österreichische Rundfunkreporter Heribert Meisel verkündete seinen Hörern zu Hause exakt das Gegenteil: „Toni!", brüllte er in's Mikrophon, „Toni – Du bist ein Gott!".

Heute freilich fühlt sich Toni Turek von den göttlichen Mächten ein bißchen im Stich gelassen. Seit einem Sonntagmorgen im September 1973 ist seine Welt nicht mehr so, wie sie sein sollte. „Komm' zum Frühstück!", bat damals seine Frau „Mieze" zum Morgenmahl. „Doch ich konnte plötzlich nicht mehr aufstehen. Ich mußte zurückrufen, daß ich nicht mehr gehen kann." Die Lähmungen von der Hüfte abwärts sind auch heute noch nicht ganz beseitigt, doch Toni hofft: „Ich habe immer noch den Glauben, daß ich eines Tages wieder ganz ohne Krücken bzw. ohne Stock oder Rollstuhl auskommen kann. Irgendwie ist es ja fast unglaublich, daß es mich als ehemaligen Leistungssportler erwischt hat – aber es ist nun mal passiert und deshalb muß ich damit fertig werden!"

Seine Bierruhe hilft ihm dabei – und auch die Erinnerung an die großen Tage bedeutet eine Unterstützung. Die großen Tage – das waren jene des Juli 1954, die Tage der Fußball-Weltmeisterschaft! Es blieb bekanntlich nicht beim 2:2, es fiel – wie jeder weiß – das „goldene Dritte" durch Helmut Rahn.

Den Ausgleich für Ungarn verhinderte Turek 50 Sekunden vor dem Schlußpfiff, als Czibor glashart aus sieben, acht Metern auf die kurze Ecke feuerte – auf die Turek sich instinktiv konzentriert hatte und somit die Gefahr bannen konnte.

Toni war also Weltmeister geworden – in einem Spiel, das Dr. Paul Tröger in der Endspiel-Ausgabe des „Kicker" als „das Spiels seines Lebens" bezeichnete. Dr. Tröger schrieb: „Turek machte eine erstaunliche Kurve durch. Als er in der 9. Minute einen Kohlmeyer-Rückpaß nicht festhielt und das zweite ungarische Tor auf dem Gewissen hatte, mag er bittere Minuten durchgemacht haben. Aber dann geschah das Wunder: aus vier Metern bombte Nandor Hidegkuti ein Ding auf das deutsche Tor, daß uns allen das Herz stillstand. Toni Tureks Minute war da. Seine Faust lenkte den ‚Unhaltbaren' über die Latte! Von diesem Augenblick an war der Düsseldorfer in der Form seines Lebens. Phantastisch seine Reaktion auf einen Puskas-Schuß aus wenigen Metern, den er mit dem Fuß aus dem langen Eck holte!"

Zu behaupten, eine derartige „Überform" bei Turek vorausgesetzt zu haben, wäre vermessen – denn: in den Vorrundenspielen gegen die Türkei (4.1 und 7:2) sowie im Halbfinale gegen Ungarn (6:1) war Turek nicht gerade ein Nonplusultra an Sicherheit. Vielleichts lag's daran, daß diese Partien ja ohnehin klar gewonnen wurden und eine Super-Leistung des Keepers ja gar nicht erforderlich gewesen war. (Im 3:8-Vorrunden-Spiel gegen Ungarn, in dem Turek sich beweisen hätte können, stand übrigens nicht er, sondern Kwiatkowski im Tor!) Doch selbst bei klarer Überlegenheit war Herberger auf absolute Konzentration versessen. Erteilte er Turek im Türkei-Spiel – als Fritz Walter das 5:1 erzielt hatte und Toni zur Gratulation zum Anstoßkreis geeilt war – einen Rüffel: „So geht das natürlich nicht, lieber Toni! Ihre Freude in Ehren, aber in Zukunft bleiben Sie doch lieber da, wo Sie hingehören!"

Gegen die Türkei und Österreich – da war's nicht so dramatisch. Umsomehr dafür im Finale gegen Ungarn – und bereits zuvor im Viertelfinale gegen Jugoslawien! Mit 2:0 siegten da die Deutschen – ohne Gegentreffer also –, aber es war ein verdammt harter Fight gegen die Ballkünstler aus Belgrad, Split und Zagreb! Und alle Kritiker vertraten nach diesen höllischen 90 Minuten, die ein einziges Trommelfeuer auf Tureks Tor darstellten, die Mei-

Beim Weltmeisterschafts-Turnier 1954 in der Schweiz erreichte die Karriere des Toni Turek ihren Höhepunkt, als er Glanzspiele gegen Jugoslawien (im Viertelfinale) und gegen Ungarn (im Finale) bot. Ein Radio-Reporter bezeichnete den Düsseldorfer gar als „Gott"...

nung, daß ohne Toni diese Begegnung für Deutschland in die Binsen gegangen wäre.

Auch das sozusagen ein „Spiel seines Lebens" ... – das vor allem den berühmten gegnerischen Angreifern wie Branco Zebec, Tschik Cajkovski, Bernard Vukas, Rajko Mitic oder Milos Milutinovic unvergessen bleiben wird. Freute sich Fritz Walter über eine Turek-Parade in diesem Jugoslawien-Match: „Toni – Deine Kindeskinder sollen sich noch über diese Leistung freuen!" Fritz Walter außerdem noch über Turek: „Er hat eine himmelschreiende Ruhe. Mit seinem gutmütigen, trockenen Humor findet er in jeder Situation das richtige Wort." Und Sepp Herberger stellte zwanzig Jahre nach 1954 fest: „Toni war einmalig. Seine Ruhe, seine Ausgeglichenheit waren für die Mannschaft unwahrscheinlich wertvoll."

Von Baumgarten bis Burdenski

Auf der Seite 18 konnten Sie einer Statistik sämtliche deutschen Torhüter entnehmen, die im Zeitraum zwischen 1908 und dem Ende der Saison 1976/77 zwei und mehr Länderspiele für den DFB bestritten. Der Vollständigkeit halber können Sie hier auch noch lesen, wer lediglich zu 1 Berufung als Keeper der deutschen Nationalmannschaft kam:

1908: Baumgarten Fritz (Tennis Borussia Berlin)
1909: Ilmer Eberhardt (FV Straßburg)
1910: Riso Hans (Wacker Leipzig)
1910: Faas Robert (1. FC Pforzheim)
1911: Bork Walter (MTV München)
1921: Schwedler Willy (VfB Pankow)
1922: Mauch Paul (Stuttgarter Kickers)
1924: Kuhnt Werner (NNW Berlin)
1925: Zolper Carl (CfR Köln)
1929: Blunk Wilhelm (Hamburger SV)
1930: Wenz Ludwig (ASV Nürnberg)
1937: Köhl Georg (1. FC Nürnberg)
1939: Flotho Heinz (VfL Osnabrück)
1939: Deyhle Erwin (Stuttgarter Kickers)
1940: Martinek Alexander (Wacker Wien)
1951: Bögelein Karl (VfB Stuttgart)
1970: Groß Volkmar (Hertha BSC Berlin)
1977: Burdenski Dieter (Werder Bremen)

Exakt ein Dutzend Städte stellten zwischen 1908 und dem Ende der Saison 1976/77 mehr als einen Torhüter für die deutsche Nationalmannschaft ab, unumschränkter Spitzenreiter: Berlin!

Berlin	9 Spieler:	Jahn(BSV 92), Schmidt (Concordia 95), Weber (Vorwärts), Eichelmann (Union 92), Baumgarten (Tennis Borussia), Schwedler (VfB Pankow), Kuhnt (Norden-Nordwest), Groß und Gehlhaar (beide Hertha BSC).
Stuttgart	5 Spieler:	Schmidt, Mauch, Deyhle (alle Kickers) sowie Sawitzki und Bögelein (beide VfB).
Hamburg	4 Spieler:	Kargus und Blunk (beide HSV), Werner (Victoria) und Wentorf (Altona 93).
Köln	4 Spieler:	Ewert und Manglitz (1. FC), Dr. Zörner (SC 99) und Zolper (CfR).
München	4 Spieler:	Maier und Hofmeister (FC Bayern), Ertl (Wacker) und Bork (MTV).
Nürnberg	3 Spieler:	Stuhlfauth und Köhl (1. FC) und Wenz (ASV).
Wien	3 Spieler:	Raftl (Rapid), Platzer (Admira) und Martinek (Wacker).
Braunschweig	2 Spieler:	Wolter und Franke (Eintracht).
Bremen	2 Spieler:	Bernard und Burdenski (Werder).
Dortmund	2 Spieler:	Tilkowski und Kwiatkowski (Borussia).
Gelsenkirchen	2 Spieler:	Klodt und Nigbur (Schalke 04).
Leipzig	2 Spieler:	Schneider (VfB) und Riso (Wacker).

Hier ist Platz
für ein
Autogramm von
Toni Turek

Paul Breitner:

Geburtsdatum	5. September 1951
Spiel-Position	Abwehr und Mittelfeld
Verein	ESV Freilassing, FC Bayern München, Real Madrid und Eintracht Braunschweig
Bundesligaspiele	109 bis Ende der Saison 1973/74 (dabei 17 Tore erzielt)
Länderspiele	27 bis Ende der Saison 1976/77
Größte Erfolge	EM-Teilnahme 1972 (Europameister); WM-Teilnahme 1974 (Weltmeister); Deutscher Meister mit Bayern München in den Jahren 1972, 1973 und 1974, Deutscher Pokalsieger mit Bayern München (1971); Europacup-Sieger der Landesmeister mit Bayern München (1974); Spanischer Meister mit Real Madrid in den Jahren 1975 und 1976.
Spitzname	„Der Abessinier"
Autogramm-Adresse	Paul Breitner, c/o Eintracht Braunschweig, Hamburger Straße 210, 3300 Braunschweig.

Der Abessinier

Europacup stand an diesem Mittwochabend auf dem Programm des Münchner Olympiastadions und es traten gegeneinander an der FC Bayern München als „Gastgeber" und Spaniens Meister Real Madrid als „Gast". Der Gast unterlag, was den Gastgeber hoch erfreute und es wurde wieder einmal bewiesen, wie völlig unangebracht die Floskel vom „Gast" und seinem „Gastgeber" ist. Im Fußball gibt es keine Gäste, sondern höchstens eine auf die Rübe.

Besonders ungastlich gebährdete sich das Publikum gegenüber einem Gast, der in den Jahren zuvor an gleicher Stelle für tosende Jubelstürme gesorgt hatte. Allerdings kickte dieser jetzige Mittwoch-Gast in jener Zeit noch bei den Gastgebern: Paul Breitner, Enfant terrible des grünen Rasens, Deutscher Meister, Deutscher Pokalsieger, Spanischer Meister, Europacup-Sieger, Europameister, Weltmeister — und das alles innerhalb von fünf Jahren, zwischen dem 20. und dem 25. Lebensjahr. Dieser Erfolgsmensch also kehrte mit seinem neuen Brötchengeber Real Madrid an die Stätte seiner größten Trimphe zurück, trat wieder mal auf im Münchner Olympiastadion — und wurde gnadenlos ausgepfiffen: beim Warmschießen, beim Einlaufen, bei jeder Attacke, bei jedem guten und schlechten Paß, bei jedem Schuß auf, neben oder über's Tor — kurz: bei jedem Ballkontakt, bei jeder sich nur bietenden Möglichkeit.

Nun ist der Breitner ja ein kalter Hund, zumindest tut er so. Aber da er sein glitzerndes Äußeres, sein selbstbewußtes Auftreten und seine markigen Worte eine Idee zu gewollt präsentiert, darf angenommen werden, daß alle Schau nur den Zweck erfüllt, eine durchaus vorhandene Sensibilität zu überspielen. Daß besagte Mittwoch-Pfiffe ihn mitten in's Herz trafen, daß er dies später eingestand und daß er diesen Europacup-Abend dem Münchner Publikum bis heute noch nicht verziehen hat, mag als Beweis für diese Behauptung gelten. Ebenso unzweifelhaft steht fest, daß Breitner nicht selten mißverstanden worden ist: als er in jungen Jahren die chinesische „Peking-Rundschau" in's Trainingslager einschleppte, nannten sie ihn einen Maoisten. Sein Äußeres (Spitzname: „Der Abessinier") kam da gerade recht, um dem Maoisten einen „Revoluzzer" hinzuzufügen. Zum Anarchisten abgestempelt wurde er schließlich, als er anläßlich einer Zeitungsumfrage

(„Wovor fürchten Sie sich am meisten?") antwortete: „Vor einer Regierung unter Franz Josef Strauß!" Das paßte prächtig – das Klischee vom linken Verteidiger als einem „Linken" war durch nichts mehr zu erschüttern.
Es wäre bestimmt falsch, zu behaupten, daß Breitner dies gestört hätte. Kindischer Provokateur, der er zweifelsohne ist, mag er es auf diabolische Art und Weise sogar genossen haben. Man kann dies sowohl als Masochismus bezeichnen (wenn Breitner sich in der Rolle des Ungeliebten gefiel) wie aus als Sadismus (wenn Breitner Freude an der Aufregung der anderen über seine Person empfand).
Später – ich glaube, es war in einem „Playboy"-Interview – äußerte sich Breitner ungefähr so, daß jeder Mensch das Recht besitze, seine Meinung früherer Jahre zu revidieren, aus Fehlern zu lernen, seine Weltanschauung zu korrigieren. Kluge Worte, zweifelsohne – nur störte die meisten daran, daß Breitner ausgerechnet im Franco-Spanien diese Erkenntnis zuteil wurde, wo er sich nicht nur plötzlich einen bürgerlichen Schlips umknotete und sich in feines Flanell hüllte – sondern wo er sich auch jeder politischen Äußerung enthielt und als überzeugter Pazifist Umgang mit dem deutschen Militär-Attache der bundesrepublikanischen Botschaft pflegte.
Aus dem fälschlichen Revoluzzer schien plötzlich ein berechnender Opportunist geworden zu sein, was andererseits auch wieder niemand so recht glauben wollte. Auf jeden Fall paßte nun gar nichts mehr. Das erste Klischee war gesprengt, das zweite noch nicht richtig installiert. Und da Klischees das halbe öffentliche Leben sind, flüchtete man sich in die Formel vom „Älter-und-vernünftig-werden" – was den Breitner vermutlich noch mehr erregt haben mag. Einer wie er will nicht vernünftig sein...
Besonders unvernünftig von ihm war's beispielsweise, sich im Flugzeug mit Pistole erwischen zu lassen. Weder die Argumentation von Star-Anwalt Bossi (Klient: Ingrid van Bergen), der seinem Fußball-Mandanten Naivität zuschreiben wollte, noch die zynischem Zwischenrufe seines Busen-Freundes Uli Hoeneß aus dem Publikum heraus in Richtung Hohes Gericht vermochten Breitner vor einer saftigen Geldstrafe zu bewahren.
Gleichfalls unvernünftig gebährdete er sich gegenüber einem Sportjournalisten, der im April '77 unter der Überschrift „Zwei Helden von gestern" schrieb: „Paul Breitner und Uli Hoeneß, die einstigen Wunderkinder und Gipfelstürmer des deutschen Fußballs, stehen heute in der Talsohle ihrer Laufbahn." Breitner drohte mit Bossi, ohne daran zu denken, daß Journalisten meist am längernen Hebel sitzen. Hakte besagter Journalist nach Breitners Beschwerde-Anruf denn auch prompt nach: „Der selbstbewußte Breitner will es zwar nicht wahrhaben, aber auch die spanische Sportzeitschrift ‚Don Ballon' bescheinigte ihm jetzt in einer Saison-Bilanz, wie schwach sein drittes Jahr bei Real-Madrid gewesen ist. In einer Leistungs-Bilanz der Real-Spieler taucht der deutsche Mittelfeldstar nicht einmal auf einem der ersten zehn Ränge auf!"

Overath (links) und Breitner (daneben) jagen dem Leder nach, doch Lauck, die Nummer 13 der DDR, bremst ein bißchen. Die DDR gewann das WM-Spiel 1:0.

Das mit der „Talsohle" bezog sich also nicht nur darauf, daß die Saison 1976/77 die erste Breitner-Spielzeit ohne Meister- oder Pokal-Titel wurde, sondern auch auf das persönliche Leistungsvermögen innerhalb dieser Periode. Dem Ohne-Titel-Erlebnis gewann Breitner zwar eine positive Seite ab („Ich habe mir niemals eingebildet, jedes Jahr was zu gewinnen und es kann nicht schaden, einmal am eigenen Leib zu verspüren, wie es Spielern zumute ist, die niemals ein Erfolgserlebnis haben!") – aber diesen Mißerfolg mit der eigenen Figur verknüpft zu sehen, ging über sein Einsichts-Vermögen. Urteilte der „Stern": „Er (Breitner) wird zeitlebens immer mit jemandem Krach haben."
Krach gab es etwa mit dem FC Bayern München („In diesem Scheißverein kann niemand feiern!"), Krach gab es mit Franz Beckenbauer (mittels eines Interview-Krieges), Krach gab es mit den DFB-Funktionären (die ihm nach der Weltmeisterschaft 1974 ein Dorn im Auge Waren), Krach gab es sogar

mit Helmut Schön, der Breitner für den „Anstifter" der Malente-Meuterei hielt, als es um den Prämien-Streit der WM 1974 ging. „Breitner fühlte sich schuldlos angegriffen", erinnert sich Beckenbauer, „und wollte abreisen. Wir mußten eine ganze Nacht lang auf ihn einreden, bis er seine Koffer wieder auspackte." Selbst die Szene, die sich am 7. Juli 1974 im Münchner Olympiastadion in der 25. Minute des Weltmeisterschafts-Endspiels zwischen Deutschland und Holland abspielte, vermochte den Bundestrainer nicht so recht zu versöhnen: in jener 25. Minute nämlich wurde der Frankfurter Bernd Hölzenbein von Jensen im 16-m-Raum gelegt — Elfmeter! Breitner schnappte sich ohne lange zu fackeln das Leder — und erzielte den Ausgleichstreffer zum 1:1. „Ich mußte das machen, denn ich wußte, daß ich ihn ‚reinbringen' würde."

Inzwischen scheint das gegenseitige Unverständnis zwischen Schön und Breitner — das nach der WM bereits einmal gekittet schien und dann erneut zerbrach — beigelegt zu sein. Bei einem kühlen Bierchen, schlug der Bayer vor, werde man sich unter Männern schon aussprechen können. Alles okay also zum Zeitpunkt, zu dem ich diesen Satz zu schreiben beginne — vielleicht ist's jedoch schon nicht mehr so, wenn ich ihn beende: bei Breitner geht alles ruckzuck und man weiß nie so ganz genau...

Was man hingegen ganz genau weiß, ist, daß der Jugend-Nationalspieler des ESV Freilassing bis Ende der Saison 1976/77 der teuerste deutsche Spieler aller Zeiten war. Zwei Millionen Mark angeblich mußte Eintracht Braunschweigs „Jägermeister"-Mäzen Günter Mast hinblättern, um den Madrider auf Zeit aus Spanien loszueisen. Frozzelte der „Stern": „Selbst wenn Magenbitter-Mast sich mit dem Einkauf — wie der frühere Nationalspieler Willi Schulz offensichtlich vermutete — lediglich ein persönliches Denkmal habe setzen wollen: Dies ist die tollste Nachricht aus Braunschweig seit dem Heinrich dem Löwen."

Heinrich der Löwe hat bekanntlich im Jahre 1158 eine Salzbrücke des Freisinger Bischofs abbrennen und an anderer Stelle eine neue errichten lassen — was die Gründung Münchens bewirkte. Breitner hat zwar nicht alle Brükken nach München abgebrannt, aber den Münchnern zugunsten Braunschweigs einige Tore 'reinbrennen — das wär' schon ein Vergnügen ganz besonderer Art. Da könnten sie dann ruhig ein bißchen pfeifen, im Olympiastadion. Er kennt das ja bereits...

Hier ist Platz
für ein
Autogramm von
Paul Breitner

Helmut Haller:

Geburtsdatum	21. Juli 1939
Spiel-Position	Mittelfeld
Verein	BC Augsburg, AC Bologna, Juventus Turin, FC Augsburg und BSV Schwenningen
Länderspiele	33 zwischen 1958 und 1970
Größte Erfolge	WM-Teilnahme 1962 (im Viertelfinale ausgeschieden); WM-Teilnahme 1966 (2. Platz); WM-Teilnahme 1970 (3. Platz für Deutschland, aber Haller nur in der Vorrunde dabei); Italienischer Meister mit AC Bologna (1964) und Juventus Turin in den Jahren 1972 und 1973; Italiens „Fußballer des Jahres" (1964).
Spitzname	„Der blonde Blitz"
Autogramm-Adresse	Helmut Haller, Am Hang 11, 8901 Westheim bei Augsburg

Der blonde Blitz

Großartige Fußballer haben sie immer schon hervorgebracht, die Schwaben — man denke nur an die Stuttgarter VfB-Kicker Retter, Waldner, Sawitzki, Sieloff, Geiger, Köppel, Barufka, Schlienz, Blum, Bökle, Rutz und Bögelein. Sämtliche waren sie Nationalspieler wie auch die Balltreter Conen, Sing, Löble, Kipp, Kühnle, Schmidt, Wunderlich, Deyle, Hofmeister, Höschle, Maneval, Niederacher und Mauch vom Ortsrivalen Stuttgarter Kickers.
Auf insgesamt 109 Berufungen kamen die Schwabenspieler der beiden Stuttgarter Vereine. Ein weiterer berühmter Württemberger, der seine großen Erfolge allerdings im bayrischen Nachbarland feierte, ist der gebürtige Ulmer und jetzige Wahlmünchner Uli Hoeneß.
Nachbarland Bayern — das ist ein Stichwort, denn: auch der Freistaat hat bekanntlich Schwaben vorzuweisen! Und, Hand auf's Herz: vom fußballerischen Standpunkt her betrachtet sind die „bayrischen Schwaben" noch weitaus berühmter geworden als ihre württembergischen Kollegen! Man denke nur an Gerd Müller aus Nördlingen, an Ernst Lehner von „Schwaben" (sic!) Augsburg, an Ulrich Biesinger vom BC Augsburg — und an Helmut Haller, gleichfalls BCA. Allein die drei Augsburger brachten es auf 95 Berufungen. Nimmt man Gerd Müller noch hinzu, werden es sogar 157 Nationalmannschafts-Berufungen für die „bayrischen Blitzschwaben". Trost für die „württembergischen Schwaben": wenn die wiederum „ihren" Hoeneß dazurechnen, kommen sie momentan (Ende der Saison 1976/77) immerhin auch auf 142 und dürfen sich berechtigte Hoffnungen machen, demnächst ihre blau-weißen Volksstamm-Kollegen zu überflügeln...
Helmut Haller ist also „Blitzschwabe" und zwar einer von jener Sorte, von der behauptet wird, daß sie hauptsächlich „schaffe, schaffe" würde, um ein „Häusle baue" zu können. Haller hat zweifelsohne fleißig angeschafft, steht heute auf einem finanziell soliden Sockel, kann also in Ruhe seine „Spätzle" genießen. Und daß er seine Mahlzeiten genießt, war noch nie ein Geheimnis. Tadelte ihn Bundestrainer Schön — zwar lachend, aber mit ernstem Hintergrund — im Vorfeld der Fußball-Weltmeisterschaft von 1966 in England: „Helmut, Du bist der geborene Topfgucker. Schau doch mal Deine Figur an, die ist so füllig, als hättest Du in Bologna gerade ein Wettessen gewonnen. Wenn Du jeden Tag einen Pudding weniger verdrücken und

eine Flasche Bier weniger trinken, dafür aber zwei Runden mehr laufen würdest, dann hätten wir berechtigte Aussicht, Weltmeister zu werden..."
Figurprobleme, nein, die konnte Helmut Haller nie verleugnen. Trotzdem nannten sie ihn den „blonden Blitz", später dann, etwas gehässiger, den „blonden Kugelblitz". Dabei tat er alles, um seine Taillen-Maße in Maßen zu halten. Selbst als er die 30 längst überschritten hatte, unterwarf er sich – aus Italien nach Augsburg zurückgekehrt – einer harten Trainingsfron: „Neben dem gemeinsamen Training mit der Mannschaft übe ich außerdem noch zweimal pro Woche alleine. Hinter unserem Haus liegt ein Wald, der zum Warmmachen geradezu einlädt. Oft laufe ich sechzig bis achtzig Minuten allein durch's Gelände, wobei Gymnastik in allen Variationen mein Programm auflockert.
1966 zitterten ihm ebenfalls ein bißchen die Knie, aber nicht der Anstrengung, sondern wohl eher der Aufregung wegen. Was Wunder auch: es galt schließlich, das Weltmeisterschafts-Endspiel gegen England im Londoner Wembley-Stadion zu bestreiten! Haller lieferte eine glänzende Partie, aber das Finale ging bekanntlich trotzdem verloren – 2:4. Der größte Erfolg eines Fußballer-Lebens blieb dem „blonden Blitz aus Bologna" versagt, was eine Parallele zum alpinen Ski-Slalomkünstler Anderl Molterer ergibt: auch der Österreicher aus Kitzbühel – genannt „Der blonde Blitz von Kitz" – wurde nie Weltmeister.
Doch England 1966, das konnte sich schon sehen lassen. Selbstbewußt war Haller von seiner italienischen „Fußball-Heimat" angereist und verkündete bei der Ankunft im Vorbereitungslager Malente: „Also das beste wäre doch, ich würde mir hier ein Grundstück mieten und dann komme ich alle vier Jahre hierher." Konterte Bundestrainer Schön: „Ach, Helmut, woher willst Du das wissen? Ich kann Dich ja das nächste Mal zu Hause lassen..."
Er ließ ihn jedoch nicht zu Hause und Haller war auch bei der WM 1970 in Mexiko dabei – allerdings nur ein Spiel lang, gegen Marokko. Die Kritiken fielen vernichtend aus und Haller fiel aus der Mannschaft raus. Hohn und Spott ergossen sich über ihn und das hatte er beileibe nicht verdient. Verteidigte ihn „kicker"-Redakteur Werner Schilling in einer Mexiko-Glosse: „Fanatiker haben ein kurzes Gedächtnis. Die Haller nach dem enttäuschenden Spiel gegen Marokko beschimpften, haben vergessen, was ein Haller in Bestform für Deutschland geleistet hat. 33mal hat er das Nationaltrikot getragen. Dreimal half er WM-Qualifikationen miterkämpfen und in England 1966 war er sogar unser Torjäger Nr. 1."
Weitaus größeren Ruhm als in Deutschland erntete Haller ohnehin in Italien, wo er für den AC Bologna und für Juventus Turin dem Leder nachjagte. Seine geschliffene Ballbehandlung, seine verblüffenden Tricks und seine fabelhaften Pässe kamen bei den Azzuri hervorragend an und die Fußball-Fans hierzulande müssen es wirklich bedauern, daß sie den blonden Blitz so selten zu Gesicht bekamen – quasi nur zu Blitzbesuchen...

Hier ist Platz
für ein
Autogramm von
Helmut Haller

Günter Netzer:

Geburtsdatum	14. September 1944
Spiel-Position	Regisseur
Verein	1. FC Mönchengladbach, Borussia Mönchengladbach, Real Madrid und Grasshoppers Zürich
Bundesligaspiele	230 bis Ende der Saison 1972/73 (dabei 82 Tore erzielt)
Länderspiele	37 zwischen 1965 und 1975
Größte Erfolge	EM-Teilnahme 1972 (Europameister); WM-Teilnahme 1974 (Deutschland Weltmeister, aber Netzer nur für 20 Minuten im Vorrundenspiel gegen die DDR eingesetzt); Deutscher Meister mit Borussia Mönchengladbach in den Jahren 1970 und 1971; Deutscher Pokalsieger mit Borussia Mönchengladbach (1973); Spanischer Meister mit Real Madrid in den Jahren 1975 und 1976; Spanischer Pokalsieger mit Real Madrid (1974); Deutschlands „Fußballer des Jahres" in den Jahren 1972 und 1973; Europas „Fußballer des Jahres" im Jahre 1972.
Spitzname	„Rebell am Ball"
Autogramm-Adresse	Günter Netzer, c/o Grasshopper-Club, Hardturmstraße 321, Ch-8005 Zürich/Schweiz

Rebell am Ball

Günter Netzer zu beschreiben, ist nicht die Sache eines einzigen Kapitels, nein – ein ganzes Buch müßte man allein für dieses „Enfant terrible" des grünen Rasens aufwenden, denn: Netzer war weit mehr als ein begnadeter Kicker. Urteilte „Die Welt": „Günter Netzer bezog einen Großteil seiner Popularität daraus, daß er schnelle Wagen steuerte und schöne Frauen um sich scharte. Und man sagte ihm prompt nach, er habe als erster begriffen, daß Fußball ein Teil des Schaugeschäfts sei und die Hauptdarsteller sich deshalb so zu benehmen hätten, als arbeiteten sie im Studio und nicht im Stadion."

Ein Buch also müßte über den langmähnigen Blonden verfaßt werden – was freilich längst geschah! Es heißt „Günter Netzer – Rebell am Ball", wurde getextet von Peter Bizer und erschien 1971 im Wilhelm Limpert Verlag. Im vorliegenden Werk „Für Deutschland am Ball" soll das „Kapitel Netzer" deshalb nicht aus einer Personenbeschreibung bestehen, sondern die Situation dieses Super-Stars aus einer völlig anderen Perspektive beleuchten: Der Autor verfolgte „Das letzte Jahr des Günter Netzer", das der Gladbacher als Spieler auf dem grünen Rasen verbrachte und zwar im Mittelfeld des Schweizer Erstligisten Grasshoppers Zürich. Das letzte Jahr des Günter N.: War es ein Triumph? War es eine Tragödie? War es „ein trauriger Abgang", wie „Die Welt" meinte? Oder war es gar eine Komödie, wie manche mutmaßten? Nun, der Leser möge selbst urteilen: Das letzte Jahr des Günter Netzer – auf den nächsten Seiten ist es aufgezeichnet:

August 1976

Die Fachzeitschrift „Sport" (Zürich) vor Beginn der Schweizer Meisterschafts-Saison: „Die Grashoppers tätigten mit dem Zuzug von Netzer den spektakulärsten Transfer, der aber nicht ohne Risiko ist... Um sich in Form zu bringen, hat Netzer fürchterlich hart trainiert... und glaubt, in drei oder vier Wochen in Form zu sein."

Schweizer Meisterschaft: 1. Spiel (Young Boys Bern–Grasshoppers 1:0). Der „Sport": „Odermatt gewann das eigentliche Feldherrenduell gegen Netzer eindeutig. Der Deutsche hatte gute erste 45 Minuten. Odermatt 90 bessere. Odermatt lief nicht nur doppelt soviel wie Netzer, sondern tat dabei auch mehr für die Spielkonstruktion seiner Mannschaft. Bei Netzer galt es, den ‚optischen Rabatt' abzuziehen. Viele seiner zentimetergenauen Zuspiele, so schön sie auch anzusehen waren, erfolgten oft im eigenen Hinterland, wo sie den Bernern kaum Bauchweh machten. Netzer monopolisierte dabei den Ball, seine Zurufe, den Ball ihm zuzuspielen, waren gelegentlich sogar auf der Tribüne zu hören. Erst wenn Netzer über die Mittellinie vorrückte, wurde es gefährlich... Oft stand der Deutsche als offensivster Mittelfeldspieler seines Teams im Anstoßkreis und besaß gar keine Anspielstationen."

2. Spiel (Grasshoppers–FC Zürich 2:2). Trainer Johannsen: „Um Netzer herum wächst jetzt etwas mehr, er ist nicht mehr allein."

3. Spiel (Servette Genf–Grasshoppers 2:1). Der „Sport": „Netzer hat seine Stürmer einige Male mit Mustervorlagen eingesetzt, wie nur er sie, so richtig im Timing, geben kann. Aber nach der Pause gab's wiederum Phasen, da verschwand er nahezu von der Bildfläche. Eines jedoch muß anerkannt werden: Netzer fühlt sich offensichtlich nicht als Star, für den seine ‚Domestiken' rennen und schuften sollen." Und Martin Chivers, englischer Stürmer-Star in Servette-Diensten: „Netzer lieferte eine gute Partie, seine Pässe sind immer noch allererste Klasse."

September 1976

4. Spiel (Grasshoppers–St. Gallen 1:1). Der „Sport": „Netzers Schwerfälligkeit, seine Unbeweglichkeit und seine mangelnden Reflexe kamen auf diesem Terrain besonders deutlich zur Geltung – vom Deutschen jedenfalls konnten die nötigen Impulse nicht kommen."

5. Spiel (Grasshoppers–Basel 1:1). Der „Sport": „Basels Trainer Benthaus ließ auf Netzer Stohler spielen, der wie der Deutsche keinen ‚vierten Gang' besitzt. Der Internationale fiel für die Offensive so zwar fast ganz aus, schränkte Netzers Spielraum aber noch mehr ein."

6. Spiel (FC Sion–Grashoppers 1:3). Der „Sport": „Netzer, sehr statisch, ja fast schwerfällig wirkend, zeigte einige genaue Pässe und raffinierte Freistöße."

Oktober 1976

7. Spiel (Grasshoppers-Bellinzona 8:2): Netzer fehlt wegen Schmerzen in der Achillessehne.

8. Spiel (Xamax Neuchatel–Grashoppers 3:2): Netzer spielt, wird aber vom „Sport" mit keinem einzigen Wort erwähnt.

UEFA-Cup (1. FC Köln–Grasshoppers 2:0) Der „Sport": „Netzer, vom ihm gegenüber nicht sehr freundlichen Publikum (‚Netzer – ha, ha, ha') zusätzlich angestachelt, war für die Mannschaft in bezug auf Kampfgeist und Einsatz ein Vorbild – die bisher beste Leistung mit Grasshoppers."

Günter Netzer wurde während seiner Karriere oft mangelnde Kampfkraft vorgeworfen – unser Foto beweist das Gegenteil dieser Behauptung!

9. Spiel (FC Winterthur–Grasshoppers 1:4). Der „kicker“: „Angetrieben von Netzer, Meyer und Bauer wirbelten die Grasshoppers ihren beileibe nicht schlechten Gegner 90 Minuten nach Belieben durcheinander. Dreimal war Netzer Ausgangspunkt von Toren: zweimal präparierte er die Freistöße derart, daß Bauer und Bosco nur einzuschießen brauchten, und das dritte Mal setzte er nach einem unwiderstehlichen Spurt seine Vorderleute unnachahmlich geschickt ein.“ Netzer selbst: „Es hat einige Zeit gedauert, bis ich in Form gekommen bin, aber ich bin überzeugt, daß der Leistungsanstieg weiter anhält.“

10. Spiel (Grasshoppers–Chenois 1:1). Der „Sport“: „Das Spiel war mehr auf Netzer ausgerichtet, als dem Deutschen, der sich zudem in einigen Phasen des Nachsetzens bei weit geschlagenen Bällen zuviel zumutete, lieb sein konnte. Zwar schlug Netzer in der ersten Halbzeit zentimetergenaue 40-m-Pässe ‚am Laufmeter', doch genügte dies nicht, den feldmäßigen Vorteil entscheidend auszunützen.“

November 1976

UEFA-Cup (Grasshoppers–1. FC Köln 2:3). Der „Sport": „Netzer bot eine herausragende Leistung, gewann das Privatduell gegen Wolfgang Overath. Es war Netzers bisher bestes Spiel auf dem Hardturm. 82mal war er am Ball, eine ausgesprochen hohe Zahl. Seine weiten Zuspiele kamen fast ausnahmslos präzis und ideal ‚in den Lauf'. Auch in Zweikämpfen setzte sich Netzer gegen die Bundesliga-Spieler erstaunlich oft durch, sein Scharfschuß nach einer subtilen Ballkontrolle mit der Brust nach 20 Minuten senkte sich nur knapp neben den rechten Torpfosten."

11. Spiel (Lausanne–Grasshoppers 1:2). Berichtet der „Sport unter der Überschrift „Fand Netzer seine Rolle?": „Bester Spieler beim Sieger war Günter Netzer, der wenigstens phasenweise die Rolle fand, mit der er der Mannschaft am meisten nützt."

12. Spiel (Grasshoppers–Young Boys Bern 1:3). Der „Sport": „Der erstaunlich gute Corminboeuf kontrollierte Netzer, der vor der Pause überragte, nachher aber stark nachließ (viele Fehlzuspiele)." Trainer Johannsen: „Manche Leute bei uns sollten sich (was Zweikämpfe anbetrifft) ein Beispiel an Günter Netzer nehmen."

13. Spiel (FC Zürich–Grasshoppers 1:1). Der „Sport": „Netzer war zwar durch Dickenmann gut kontrolliert, doch Dickenmann selber verwandelte sich immer deutlicher zu einem ungewollten Fremdkörper im Team."

14. Spiel (Grasshoppers–Servette Genf 1:1). Der „Sport": „Netzer, am Ende ein marodes, zermürbtes Kriegerdenkmal, war trotz seiner Sehnenbeschwerden der beste Zürcher, vor allem aber der kühlste: An ihm konnte sich die Mannschaft immer wieder aufrichten, über ihn liefen auch die meisten Konterangriffe. Leisen Spott, gemischt mit Anerkennung, ließ Trainer Johannsen dem hinkenden Netzer (‚Er kann unser Spiel führen.') angedeihen: ‚Ob es für ihn ein Leidensweg war? Das ist schwer zu sagen. Vielleicht ist es auch nur seine Gangart'."

Dezember 1976

15. Spiel (St. Gallen–Grasshoppers 0:0). Der „Sport": „Netzers weite Pässe waren zu oft angekündigt (fast aus dem Stand geschlagen), die direkten und rasch gespielten blieben im Nahbereich, so daß Grasshoppers daraus kein Kapital schlagen konnte."

Zur selben Zeit trauert man bei Real Madrid dem Weggang Netzers nach. Trainer Miljanic: „Solange der Deutsche spielte, hatten viele an ihm etwas auszusetzen. Jetzt, da er weg ist, lobt man ihn über alle Maßen. Tatsache ist, daß uns Netzers Spielmacher-Qualitäten fehlen. Ich will auch nicht ganz ausschließen, daß sich Netzers Abwanderung auf Breitners Leistung nachteilig ausgewirkt hat."

Januar 1977

Die Presseagentur „Sportinformationsdienst (sid) mit Sitz in Düsseldorf meldet: „Die beiden ‚genialsten' Mittelfeldstrategen des letzten Jahrzehnts im bundesdeutschen Fußball denken an Abschied. Wenige Tage nach dem Kölner Wolfgang Overath äußerte in Zürich auch Günter Netzer Rücktrittsgedanken. Netzer sieht sich durch starke Beschwerden an der Achillessehne möglicherweise gezwungen, aufzuhören. Er selbst: ‚Ich habe so starke Schmerzen, daß ich es fast nicht mehr aushalten kann'."

In just jenen Tagen, in denen die Rücktritts-Äußerungen fallen, wird Netzer in Madrid verhaftet und sieben Stunden lang eingesperrt. Grund: Netzer soll bei seinem Abschied von Madrid „vergessen" haben, eine Rechnung über 14 000 Mark für Strom, Gas und Wasser zu begleichen. Netzer zur „Bild-Zeitung": „Diese hohe Summe hielt auch der Richter für unglaubwürdig. Er sagte: ‚Da müßten Sie ja den ganzen Stadtteil mit Strom versorgt haben!' Er erklärte, er werde die Sache noch einmal prüfen und ließ mich frei."

Februar 1977

16. Spiel (Grasshoppers–FC Sion 0:2). Der „Sport": „... Der Ausfall oder Beinahe-Ausfall einiger Spieler: Netzer, langsamer geworden (Boden!) und glücklos selbst in seiner Spezialität, den Zuspielen, willig zwar, aber ohne spielbestimmenden Einfluß."

März 1977

17. Spiel (Bellinzona–Grasshoppers 1:3). Netzer wird im „Sport" lediglich innerhalb der Mannschafts-Aufstellung erwähnt.

18. Spiel (Grasshoppers–Neuchatel Xamas 0:1). Der „Sport": „Von neun Heimspielen haben die Grasshoppers erst eines (!) gewonnen – und bei diesem einzigen Sieg spielte Netzer nicht mit. Der ‚wohl spektakulärste Transfer der Geschichte des Schweizer Fußballs' (so der Präsident im Jahresbericht) scheint zur Pleite zu werden."

In der Zeitung „Sport" konnen Leser Fragen an Grasshoppers Trainer Johannsen stellen. Die bissigsten davon lauten so: „Stimmt es, daß einige Spieler gegen das Mitwirken Netzers sind? Warum schießt Netzer keine Tore? Haben Sie nicht den Mut, auf Netzer zu verzichten, damit Ponte und Bosco während Netzers Pausen nicht doppelt laufen müssen? Wäre es nicht besser, Netzer durch einen jungen, lauffreudigen Spieler zu ersetzen? Sind Sie mit mir einig, daß Barberis der Mannschaft mehr gebracht hätte als Netzer? Sind Sie nicht auch der Meinung, daß Netzer bis jetzt nicht das brachte, was man von ihm erwartet hatte? Warum kritisieren Sie Netzer nie öffentlich, dafür aber andere Spieler? In der Vorrunde sah man 50-m-Pässe Netzers – warum jetzt nicht mehr? Ist Netzer in Ihren Augen sein Geld wert? Wann finden die Verantwortlichen den Mut, Netzer pausieren zu lassen, damit neue Impulse aus dem Mittelfeld kommen? Kann sich Grasshoppers einen Spieler leisten, der keine eigentliche Deckungsaufgabe übernimmt und gesamthaft zu wenig bringt? Fehlt es Netzer an der nötigen Kondition? Ist der ‚wohl spektakulärste Transfer des Schweizer Fußballs' (Zitat Jahresbericht des Grasshoppers-Präsidenten) nicht vielmehr der spektakulärste Fehltransfer, für den Sie allein verantwortlich zu zeichnen haben?"

19. Spiel (Grasshoppers–Winterthur 4:0). Der verletzte Netzer ist nicht mit dabei.

April 1977

20. Spiel (Chenois–Grasshoppers 0:0). Der „Sport": „Netzer, der der Mannschaft trotz einigen seltenen guten Zuspielen viel zu wenig brachte, verstand es zudem nicht, Ponte und Bosco mit Zuspielen in den Raum auf Touren zu bringen. Die weiten Kreuzvorlagen auf die Sturmspitzen konnten die Chenois-Abwehr nicht ins Zittern bringen."

21. Spiel (Grasshoppers–Lausanne 4:0). Der „Sport": „Das klare Übergewicht verschaffte sich Grasshoppers im Mittelfeld, wo ... Netzer eine starke erste Halbzeit hatte, später jedoch zu viele Pässe in den Rücken seiner Mitspieler schlug."

22. Spiel (Basel–Grasshoppers 3:2). Der „Sport": „Niemand bei Grasshoppers verstand es, Netzer gleichwertig zu unterstützen."

Am 25. April berichtet der deutsche Sportjournalist Ulfert Schröder in den „Nürnberger Nachrichten": „Günter Netzer steht in Borussias Klubhaus hinter der Theke und mampft Würstchen. Er ist kein seltener Gast mehr bei den Borussen, seitdem ihm in Zürich selbst das Gnadenbrot zu hart geworden ist. Freilich, in letzter Zeit kommt der Star im Ruhestand mit besonderem Auftrag und in zweifelhafter Absicht: er will den Borussen ihren Stielike weglotsen. Netzer betreibt in der Bundesliga die Geschäfte Real Madrids und anderer spanischer Vereine. Günter Netzer versteht sein neues Geschäft. Immerhin hat er auch Bonhofs Wechsel zu Valencia (für 1978 fest abgesprochen) in die Wege geleitet und Henning Jensen, Borussias bester Stürmer, zu Real gelotst. Alan Simonsen ist ihm im letzten Augenblick von der Schippe gesprungen."

Mai 1977

Schweizer Meisterschaft, Finalrunde der besten 6 Teams, 1. Spiel (FC Zürich–Grasshoppers 1:0). Netzer ist verletzt und nimmt nicht an dieser Partie teil

2. Spiel (Grasshoppers–Basel 6:1). Netzer ist immer noch verletzt und nicht dabei.

3. Spiel (Neuchatel Xamas–Grashoppers 0:1). Netzer ist zwar nicht mehr verletzt, darf jedoch nur auf der Ersatzbank Platz nehmen und wird nicht eingewechselt.

„Der Ball gehört mir!", scheint Günter Netzer hier zu signalisieren. Und es war ja auch wirklich schwer, den Blonden mit den großen Füßen vom Leder zu trennen, denn: Netzer war ein perfekter Techniker!

Mitte Mai meldet die Münchner „Abendzeitung" in der Rubrik „Leute": „In Jet-Set-Kreisen gibt es einen neuen Gesprächsstoff: Star-Kicker Günter Netzer und Prinzessin Jacky von Hohenlohe haben gemeinsame Interessen entdeckt. Ihre geheime Romanze begann im April. Man sah sie öfters gemeinsam im Nachtclub ‚Mau-Mau' in Marbella (Spanien)."

Am 17. Mai spielt Netzer in der deutschen WM-Elf von 1974 gegen den 1. FC Köln mit: Es ist dies Overaths Abschiedsspiel und Netzer liefert eine Super-Vorlage, die Hölzenbein zu einem erfolgreichen Torabschluß verwerten kann. Der Fernseh-Kommentator: „So ein schönes Abschiedsspiel wird Netzer nicht haben."

4. Spiel (Young Boys–Grasshoppers 0:3). Der „Sport" unter der Überschrift „Wird GC ein Klasseteam?": „Netzer schickte die schnellen Bosco und Ponte immer wieder in die Gasse... Vorne blieb als einziger Netzer (er brauchte natürlich Zeit, um sich für seine Offensivaufgabe auszuruhen!), der sich aber, sobald GC im Ballbesitz war, nach hinten anbot." Netzer selbst: „Ich bin richtig müde nach diesem Spiel. Zudem spüre ich noch das Abschiedsspiel für Overath. Meine Entlastung in der Defensive kam der ganzen Mannschaft zugute."

Ende Mai läßt der „Sport" seine Leser Fragen an den Grasshoppers-Spieler Raimondo Ponte stellen. In der Einleitung heißt es: „Für Ponte ist Günter Netzer (‚Alles andere als ein Star') der Größte, ‚in jeder Beziehung'." Auszug aus dem Leser Fragespiel: „Es ging zwar auch ohne Netzer, aber bedauern Sie seinen Abgang nicht auch?" Ponte: „Ich bedauere seinen Abgang sehr... Er versteht es wie kein anderer, uns richtig einzusetzen."

„Sie haben sich in dieser Saison von Spiel zu Spiel gesteigert. Ist das nicht zum Teil auch ein Verdienst Netzers?" Ponte: „Bestimmt. Er korrigiert uns Jüngere im Training und im Spiel. Man kann blindlings laufen und weiß, daß man den Ball vor die Füße zugespielt erhält."

„Welche Anweisungen gibt Ihnen Günter Netzer während des Spiels?" Ponte: „Er treibt uns mit seinen Zurufen an und muntert uns auf, auch wenn es einmal schlecht läuft."

„Finden Sie, daß sich der Zuzug von Netzer gelohnt hat?" Ponte: „In jeder Beziehung."

5. Spiel (Grasshoppers–Servette Genf 0:0). Der „Sport": „Auch diesmal setzten die Grasshoppers Netzer als ‚offensiven Libero' ein. Und das funktionierte so: Wenn Servette den Ball übernahm, zogen sich mit Ausnahme Netzers alle GC-Spieler sofort in die Deckung zurück. Wurde der Ball zurückgewonnen, dann spielte man Netzer an, und mehrere Spieler sprinteten nach vorn, während der Deutsche den Ball mit gekonnten Dribblings hielt oder sofort einen weiten Paß in den freien Raum schlug. Obwohl Netzers Zuspiele fast durchweg riskant waren, mißrieten ihm nur drei; hinzu kam ein Fehlschuß nach einem Alleingang. Zumeist lancierte er seine nach vorn ‚trabenden Pferdchen' mit einem idealen Paß präzis in den Lauf. In dieser Rolle bringt Netzer seinem Team immer noch sehr viel. Aber andererseits fordert diese Spielweise den anderen GC-Spielern ein enormes Laufpensum ab."

Juni 1977

6. Spiel (Grasshoppers–FC Zürich 0:2) Der „Sport": „Netzer glänzte zwar wie gegen Servette wieder mit einigen genialen Zuspielen, doch er wurde weit weniger zur spielbestimmenden Figur als noch am Pfingstsamstag... Netzers Freiheit wurde auch indirekt eingeengt: indem den GC-Rennern, denen Netzer in den Lauf spielen sollte, durch enge Deckung der Raum für ihre Gegenstöße genommen wurde." FC Zürich's Trainer Timo Konietzka: „Ich opferte Stierli für Netzers Markierung." Und „Netzer-Decker" Pirmin

Netzer in andächtiger Pose – Posen waren zweifelsohne seine Spezialität...

Stierli: „Die Aufgabe, Netzer zu decken, erinnerte an meine früheren Duelle in Spielen gegen GC mit Grahn. Grahn lief seinerzeit mehr, doch Netzer spielte heute klüger und ist am Ball besser."

7. Spiel (Basel–Grasshoppers 2:3). Der „Sport": „In Basel zeigte Netzer eines seiner besten Spiele in der Schweiz... Grasshoppers hatte zur Halbzeit (wo man 0:2 zurücklag) die Konsequenzen gezogen. Als taktisch wertvoll erwies sich dabei der Schachzug, Netzer von der Position einer reinen Sturmspitze wegzunehmen. Er sah gegen Stohler praktisch keinen Ball, wurde aber nun im Aufbau für den sich außer Form befindlichen Sulser die zentrale Figur, immer wieder anspielbar. Bei allen drei Goals war er bezeichnenderweise beteiligt, wobei das 2:2 eines der schönsten seiner langen Karriere gewesen sein dürfte: nach einem Einwurf von Ponte jagte er mit einer harten Direktabnahme aus recht spitzem Winkel – ähnlich wie seinerzeit Emmerich beim Legende gewordenen Tor an der WM 1966 gegen Spanien – den Ball in die entfernteste Ecke." Basels Trainer Helmut Benthaus zu diesem Netzer-Treffer: „Ein Glücksschuß..."

8. Spiel (Grasshoppers–Neuchatel Xamax 2:1): Netzer ist gesperrt und deshalb nicht mit von der Partie.

9. Spiel (Grasshoppers–Young Boys 0:0). Der „Sport": „Am besten gefielen bei YB Odermatt und Andersen; dank ihrer Technik vermochten sie, wie Netzer auf der Gegenseite, dem Spiel am meisten Impulse zu geben." (Netzer erhielt vor diesem Spiel einen Abschieds-Blumenstrauß für das letzte Grasshoppers-Heimspiel seiner Karriere.)

10. und zugleich letztes Meisterschaftsspiel (Servette Genf–Grasshoppers 3:0). Der „Sport": „Viel Spielraum genoß Netzer. Von diesem Vorteil weidlich Gebrauch machend, schlug er viele angeschnittene, präzise Bälle auf die Sturmspitzen. Diese wußten jedoch nicht viel damit anzufangen."

Anmerkung: Trotz der Niederlage am letzten Spieltag schafft Netzers Klub noch die Teilnahme am UEFA-Cup 1977/78. „Für diese internationalen Begegnungen", sagt Netzer, „stehe ich Grasshoppers gerne zur Verfügung, wenn man mich braucht. Aber mein Entschluß, keine Meisterschaftsspiele mehr zu bestreiten, ist unwiderruflich!"

Hier ist Platz
für ein
Autogramm von
Günter Netzer

Max Morlock:

Geburtsdatum	11. Mai 1925
Spiel-Position	Halbstürmer
Verein	Eintracht Nürnberg, 1. FC Nürnberg
Länderspiele	26 zwischen 1950 und 1958
Großte Erfolge	WM-Teilnahme 1954 (Weltmeister); Deutscher Meister mit dem 1. FC Nürnberg in den Jahren 1948 und 1961; Deutschlands ,,Fußballer des Jahres" (1961); 21 Tore für Deutschland.
Autogramm-Adresse	Max Morlock, Eisvogelstraße 50, 8500 Nürnberg

Die Nummer 13

An einem 13. brach sich Frau Morlock den Arm und gleichfalls an einem 13. wurde sie in einen Verkehrsunfall verwickelt. Trotzdem war und ist die ominöse 13 in der Familie Morlock eine Glückszahl, was – wie sollte es auch anders sein – natürlich mit dem Fußball-Geschehen zusammenhängt: Mit der Nummer 13 auf dem Trikot absolvierte Max Morlock die Fußball-Weltmeisterschaft 1954 – überaus erfolgreich, wie man weiß.
Das 13. Länderspiel seiner Karriere brachte am 25. April 1954 in Basel einen glänzenden 5:3-Sieg (mit einem Morlock-Treffer) gegen die Schweiz.
13 Jahre nach dem Gewinn der ersten Deutschen Meisterschaft, die Max Morlock mit seinem 1. FC Nürnberg gewann (1948 mit 2:1 über den 1. FC Kaiserslautern), folgte der zweite Titel (1961 mit 3:0 über Borussia Dortmund). „Habe ich es nicht gesagt", jubelte der stramme Max nach diesem Endspiel in der Kabine, „daß ich mich auf meine 13 verlassen kann!"
Im gleichen Jahr erschien eine Morlock-Biographie. Titel: „13 – meine Glückszahl". Das Buch – verfaßt von „kicker"-Redakteur Walter Setzepfandt – wurde natürlich ein Erfolg.
Daß die 13 zur Morlock'schen Glückzahl erhoben wurde, ist im übrigen dem Realitätssinn des Nürnbergers zuzuschreiben: als bei der Weltmeisterschaft 1954 die Trikots verteilt wurden, war er der einzige, der nicht aus Aberglauben heraus die Nummer 13 ablehnte. „Macht es Ihnen was aus?", fragte ängstlich Sepp Herberger. Morlock: „Mir macht es wirklich nichts aus..."
Übrigens trug auch Gerd Müller vom FC Bayern bei den Weltmeisterschafts-Turnieren von 1970 und 1974 jeweils das Trikot mit der Nummer 13 – Max Morlock war nämlich sein Vorbild und im Grunde wäre der „Bomber" ja viel lieber beim 1. FC Nürnberg als an der Isar gelandet. Aber der „Club" war nicht sonderlich scharf auf den pummeligen Torjäger aus Nördlingen gewesen.
Doch zurück von der Weltmeister-Nummer 13 des Jahres 1974 zur Weltmeister-Nummer 13 des Jahres 1954. Im Grunde seines Herzens war der beliebteste fränkische Sportler aller Zeiten nicht minder abergläubisch als andere Kick-Kollegen. Bestes Beispiel bot das Rückspiel der Endrunde zur Deutschen Meisterschaft 1961, als der „Club" in Köln anzutreten hatte: vor Anpfiff der Partie versuchte Max Morlock das friedlich hinter dem Tor gra-

sende Kölner Geißbock-Maskottchen namens „Hennes" zu berühren – was den Süddeutschen Glück bringen sollte. „Unser Hennes geht Dich nichts an!", protestierte ein Platzordner, der seinerseits vom Kölner Unglück nach einer „Geißbock-Betätschelung" durch einen „Cluberer" überzeugt war. Morlock wartete einen günstigen Moment ab – und erwischte das Mecker-Vieh doch noch am Kragen. Nürnberg gewann 2:1.

Insgesamt trug Max Morlock mehr als 900mal das „Club"-Dreß, das erste Mal im Alter von sechszehneinhalb Jahren, wozu natürlich eine Sondergenehmigung erforderlich war. 0:0 ging diese Partie gegen Wacker München aus. Seine ersten beiden Treffer konnte der „Maxl" kurz darauf in einer Partie gegen Schwaben Ausburg verbuchen. In der Zeitung freilich war ein anderer Torschütze angegeben, denn Georg („Schorsch") Kennemann, der lange Mittelläufer des 1. FCN, hatte kurz und bündig den Namen Morlock gegenüber der Presse verschiegen – „damit der junge Bub nicht größenwahnsinnig wird..."

Zu Größenwahn neigte der Morlock Max aber ebenso wenig, wie zu übertriebenem Optimismus: beim Weltmeisterschafts-Turnier 1954 beispielsweise bestellte er seine Gattin im Anschluß an die Vorrundenspiele nach Genf. „Dort müssen wir im Viertelfinale gegen Jugoslawien antreten", erklärte er ihr, „und werden ausscheiden, so daß wir im Anschluß daran von Genf aus gleich in den Urlaub nach Italien fahren können. Laß' doch in Italien bitte gleich ein Zimmer reservieren."

Das Zimmer blieb unbenutzt, der Urlaub war im Eimer – und Morlock selbst trug nicht geringe Schuld daran: gerade gegen die Jugos nämlich lieferte er das beste Spiel seiner Karriere! 2:0 siegte Deutschland und wurde schließlich Weltmeister gegen Ungarn.

Morlock wurde nicht nur Weltmeister, sondern hinter dem Ungarn Sandor Kocsis auch noch zweiterfolgreichster Torschütze (sechs Treffer) dieses Turniers. Spätestens seit dieser WM wird auch Bundespräsident Professor Theordor Heuss den Morlock Max gekannt haben. Rund ein Jahr zuvor nämlich – beim Länderspiel gegen Österreich in Köln, als das Staatsoberhaupt vor dem Anpfiff die Spieler beider Teams begrüßt hatte – fragte er den Nürnberger: „Und Sie sind sicher der Torwart?". Morlock, der Professor Heuss nicht in Verlegenheit bringen wollte, antwortete schlicht und einfach: „Ja, Herr Bundespräsident, ich bin der Torwart..."

Von der Körpergröße her betrachtet, wäre dies allerdings nicht gut möglich gewesen – Morlock wies nämlich nur 170 Zentimeter vom Scheitel bis zur Sohle auf! Dafür hätte er es in punkto Sprungkraft jederzeit mit einem Keeper aufgenommen: Morlocks Spezialität waren schließlich Kopfbälle! Nicht wenige seiner 21 Länderspiel-Tore innerhalb von 26 (sprich: zweimal 13...) Nationalmannschafts-Berufungen erzielte er auf diese Art und Weise. Vielleicht waren es sogar exakt 13 Kopfball-Treffer. Man möchte – ohne nachzuzählen – fast darauf wetten...

Hier ist Platz
für ein
Autogramm von
Max Morlock

Helmut Schön:

Geburtsdatum:	15. September 1915
Position	Als Spieler Innenstürmer; als Trainer Coach von Hertha BSC Berlin (1949/50) und SV Wiesbaden (1951/52). Später Nationaltrainer des Saarlands (ab 1953) bzw. Assistent von Bundestrainer Sepp Herberger (ab April 1956). Nachfolger als deutscher Nationaltrainer für Sepp Herberger seit November 1963.
Verein	Als Spieler Dresdner SC, SC Friedrichstadt Dresden und Hertha BSC Berlin; als Trainer Hertha BSC Berlin und SV Wiesbaden.
Länderspiele	Als Spieler 16 Berufungen zwischen 1937 und 1941 (dabei 17 Tore erzielt).
Großte Erfolge	Als Spieler mit dem Dresdner SC Deutscher Meister in den Jahren 1943 und 1944, außerdem Deutscher Pokalsieger mit dem Dresdner SC in den Jahren 1940 und 1941. Als Bundestrainer Vize-Weltmeister 1966, WM-3. 1970, Europameister 1972, Weltmeister 1974, Vize-Europameister 1976.
Spitzname	„Beppo''; „Der Lange''.
Autogramm-Adresse	Paul-Lazarus-Straße 2, 6200 Wiesbaden-Klarental.

Beppo der Lange

Juni 1977, Südamerika-Tournee der deutschen Nationalmannschaft. Auftrag für den Reporter einer deutschen Illustrierten: Beobachtung von Bundestrainer Helmut Schön. Als der Journalist seine Story über den großen Teich gekabelt hat, herrscht ziemliches Erstaunen in der Heimatredaktion: „Warum kommt denn der Lnge so gut weg in dieser Geschichte?" Der Rechercheur hat zwei Erklärungen parat: „Erstens tippte ich das Thema auf dem Flug zwischen Rio und Mexiko, wo Helmut Schön nur wenige Jumbo-Sessel von mir entfernt saß, so daß er leicht in's Manuskript hätte gucken können. Und zweitens – viel hauptsächlicher – gab sich der Lange auf dieser Tournee tatsächlich so positiv wie selten zuvor!"

Positiv, das heißt bei Helmut Schön: weniger vorsichtig im Umgang mit den Medien, weniger mimosenhaft bei prickligen Journalisten-Fragen, weniger seufzend bei taktischen Problemen, weniger zaudernd bei der Nominierung des Teams, weniger zaghaft in der öffentlichen Bekanntgabe der Mannschaftsaufstellung, weniger entschlußlos im Allgemeinen.

Eine entschlußlose, zaghafte, zaudernde, seufzende und vorsichtige Mimose zu sein, hatte sich Bundestrainer Helmut Schön mehr als ein Dutzend Jahre lang anhören müssen, natürlich auch lesen müssen. Selbst die größten Erfolge – Weltmeister 1974, Vize-Weltmeister 1966, WM-Dritter 1970, Europameister 1972, Vize-Europameister 1976 – veränderten sein Image kaum. Erst die Südamerika-Tournee 1977 brachte dies zustande und Experten schrieben jene Wandlung nicht zuletzt dem Fehlen des nach Amerika transferierten Franz Beckenbauer zu: der „Kaiser" galt schon nicht mehr als der heimliche, sondern als der unheimlich offene Be-Herrscher der Nationalelf.

Für den baumlangen Bundestrainer – laut einem Hamburger Magazin in seiner äußeren Erscheinung eines Mischung aus Laya Raki, Schmidtchen Schleicher und John Wayne – schien es zudem unendlich schwer, aus dem Schatten des kleinen Sepp Herberger treten zu können. Daß für den späteren Schön-Nachfolger der Schön-Schatten ebenso belastend werden kann, wird für Schön dabei kein Trost sein.

Gekürt wird Schöns Erbträger nach der Weltmeisterschaft 1978 in Argentinien und falls dabei die Wahl auf den relativ kompromißlosen (momen-

tanen Schön-Assistenten) Jupp Derwall fallen wird, wird der sich anhören müssen, wie liberal doch alles unter seinem Vorgänger gewesen sei.
Denn liberal, das ist eine Eigenschaft, die dem Sachsen wirklich nicht abzusprechen, sondern im Gegenteil hoch anzurechnen ist. Er, mittelmäßiger Gehaltsempfänger beim DFB, sieht sich stets vor die Aufgabe gestellt, einen Kreis junger Neureicher befehligen zu müssen. Und Schön hat längst erkannt, daß mit Befehlen da gleich gar nichts zu machen ist. Kam deshalb der Journalist Horst Vetten im „Stern" zu der Erkenntnis: „Die solches Pauschalurteil verbreiten (daß Schön all seine Erfolge der Bundesliga verdanke, d.Red.), haben erstens recht und zweitens unrecht. Ob gewollt oder nicht – oft freilich gewollt – reduziert ein derartiges Urteil Schöns Erfolg auf reine Zufälligkeiten. Richtig ist, daß der deutsche Fußball seit der Einführung der Bundesliga eine dauerhafte Weltgeltung erlangte wie nie zuvor. Und dabei hat – Zufall hin, Zufall her – Schön unschätzbares Verdienst erworben, mit feinem Gefühl für die veränderten Zeiten, für veränderte Typen in einer veränderten Geld-Welt des Fußballs. Schön gelang im Umgang mit den Fußball-Jungmannen der sechziger Jahre etwas Erstaunliches und letzten Endes Maßgebliches: er fand einen neuen, einen eigenen, eigentlich ziemlich undeutschen und vor allem völlig antiautoritären Stil, eine Fußballmannschaft zu bauen, junge Millionäre zu einer Truppe zu vereinen, ihr einen inneren Stil zu geben, der eben jenem Generationswechsel entspricht, wie er zu dieser Zeit stattfand. Schön hatte, wie Herberger, außerordentliche Machtbefugnisse und mannigfache Druckmittel. Aber in einer Mischung aus Gefühl, seiner persönlichen sanften Wesensart und wohl auch Kalkül, hat er sich mit den Jungen ins Glied gestellt und in seiner vielfach als Schwäche betrachteten Diskussionsbereitschaft eine Vertrauensbasis geschaffen."
Schön praktiziert im Umgang mit seinen National-Mannen sozusagen den Kumpel statt den Meister. Trotzdem ist ein gewisses Quantum an Respekt-Abstand geblieben: noch wagen die Elite-Kicker es nicht, den Bundestrainer offen mit „Beppo" anzusprechen, seinem Spitznamen, den er der figürlichen Ähnlichkeit mit Volksschauspieler Beppo Brem („Inspektor Wanninger") verdankt. Und auch sein zweiter Beiname – „Der Lange" – wird nur hinter dem breiten Rücken angewandt. Schön weiß natürlich, daß er „Beppo der Lange" heißt. Ebenso natürlich jedoch, daß er nicht den geringsten Versuch unternimmt, derlei Titulierungen zu unterbinden. Schließlich ist er ja ein Liberaler...

Hier ist Platz
für ein
Autogramm von
Helmut Schön

Sepp Herberger:

Geburtsdatum	28. März 1897
Position	Als Spieler Halbstürmer; als Trainer Coach des Westdeutschen Fußballverbandes (ab 1932) sowie als Nachfolger von Professor Otto Merz „Reichstrainer" zwischen 1936 und 1942. Schließlich von 1950 bis Ende 1963 Bundestrainer des DFB.
Verein	Als Spieler SV Waldhof Mannheim, VfR Mannheim und Tennis Borussia Berlin. Herberger war jedoch nie Vereins-Trainer!
Länderspiele	Als Spieler 3 Berufungen zwischen 1921 und 1925 (dabei 2 Tore erzielt). Als Nationaltrainer 162 Länderspiele: 92 Siege, 26 Unentschieden, 44 Niederlagen.
Größte Erfolge	1937 Schaffung der sogenannten „Breslau-Elf", die 16 Länderspiele lang ungeschlagen blieb; 1954 Weltmeister; 1958 WM-Vierter. „Mißerfolge": WM 1938 in der 1. Runde ausgeschieden; WM 1962 im Viertelfinale ausgeschieden.
Ehrenname	„Der Weise von der Bergstraße"
Todesdatum	27. April 1977.

Der Weise von der Bergstraße

„Der nächste Gegner ist immer der schwerste." „Ein Spiel dauert 90 Minuten." „Der Ball ist rund."
Das alles hat Herberger gesagt und alle haben es nachgesagt und fast alle haben es kapiert. Jene, die es am meisten kapierten, gaben ihm den Namen eines „Weisen von der Bergstraße". Doch auch andere, die hinter diesen Philosophien lediglich Plattheiten vermuteten, mochten ihn leiden, den Josef Herberger, der immer ein Sepp war, sogar ein „Bundes-Sepp".
Zweifelsohne war bei den meisten diese Sympathie auf den sensationellen Erfolg begründet, den der laut „Spiegel" listige „Partriarch und Fuchs" im Jahre 1954 der jungen Bundesrepublik mit dem Gewinn der Fußball-Weltmeisterschaft bescherte. Und eine Bescherung war's ja wirklich seinerzeit; Weihnachten sozusagen – mitten im verregneten Schweizer Hochsommer.
Daß der krasse Außenseiter Deutschland damals den haushohen Favoriten Ungarn besiegte, wurde der Kampfkraft, dem glitschigen Anti-Techniker-Terrain, der unbeugsamen Moral, dem Geist von Spiez, der ungarischen Überheblichkeit, dem zweifachen Torschützen Helmut Rahn, einem unwahrscheinlichem Glück, ja – später sogar – einem eventuellen Doping zugeschrieben. Herberger erklärte es viel einfacher: „Um ein Spiel zu gewinnen", sagte er, „muß man erstens Tore schießen, muß man zweitens Tore verhindern und muß man drittens immer einen Mann mehr in Ballnähe haben."
Sowas bringt heutzutage höchstens noch Herberger Muster-Schüler Dettmar Cramer über die Lippen, aber der wird deshalb trotzdem nicht der „Weise" genannt, sondern höchstens als „Napoleon" bezeichnet, was weit eher nach Waterloo denn nach Weltmeister klingt.
Mehr Tore machen, weniger Tore 'reinkriegen und einen Mann mehr in Ballnähe haben – im Grunde weiß das jeder. Nur gesagt – gesagt hat es vor Herberger noch keiner. Es sind dies Formeln, deren Gültigkeit Bestand haben werden, solange die Fußballregeln keine einschneidenden Veränderungen erfahren – eine Art pythagoreischer Lehrsatz für den grünen Rasen.
Daß Herberger in späten Jahren noch Anhänger Mao-Tse-tungs wurde, darf deshalb nicht weiter verwundern: „In seinem Buch über die Führung einer Guerillakriegs", vertraute der Badenser dem Münchner „tz"-Reporter Rein-

hold Dörrzapf an, „hat der Mao über a andere Sach des gleiche geschrieben, wie ich immer über Fußball nachdacht hab'."
Nun denken ja eine ganze Menge Leute über Fußball nach. Doch nachdenken und zu einem Ergebnis kommen ist zweierlei. „Sachkenntnis", sagt Herberger, „erkennt man daran, wenn einer in der Lage ist, das ganze Spiel zu sehen, nicht nur die Vorgänge am und mit dem Ball. Wenn er sieht, wie formiert sich 50, 60 Meter vom Ball eine Abwehr. Ein Kenner wird am Verhalten eines Spielers, wie er läuft, wann er wohin läuft, seinen Verstand abzuschätzen wissen. Und die Schläue, den Instinkt, die Intelligenz eines Torwartes erkennt man nicht nur an seinem Verhalten, wenn der Ball im Torraum ist, sondern auch – oder vielleicht sogar besser –, wenn am Mittelkreis gespielt wird."
So formulierte Herberger fast immer und würde ihn keiner kennen, schriebe man seine Worte vermutlich einem Universitäts-Dozenten zu, der in seiner repräsentativen Erscheinung eine imposante Gestalt mit weißem Haar, grauem Anzug und silbernem Schlips verkörpern müßte. Doch Herberger hüllte sich selten in feine Schein-Schale, wetzte vielmehr lieber einen Trainingsanzug nach dem anderen ab. „Bei Äußerlichkeiten hielt er sich selten auf", konstatierte Herbert Neumann in der „Frankfurter Allgemeinen Zeitung", denn „er interessierte sich für das Wesentliche und kam schnell zum Kern der Dinge."
Der Kern der Dinge – das waren für ihn in allererster Linie „seine" Spieler – stets Menschen, nie Schachfiguren –, die er dank einem Übermaß an pädagogisch-psychologischem Geschick stets auf die Linie führte, die er für die beste hielt. Herbergers Methoden der fünfziger Jahre zu belächeln, wäre eine fatale Verkennung seiner Talente. Später nämlich hätte er gewiß die Methoden der sechziger oder siebziger Jahre angewendet. Die Zeit ist bis zu seinem Tode auch nur keinen Augenblick lang über ihn hinweggetrampelt. „Instinktiv", erkannte Chefredakteur Walter Lutz vom Züricher „Sport", „wies er im Umgang mit seinen Spielern und den Massenmedien avantgardistisch neue Wege. Vom Hauch des Außergewöhnlichen umwoben, wirkten seine vereinfachenden Kern- und Lehrsätze und Redensarten bei ihm nicht als Gemeinplätze. Herberger trug sie nicht schulmeisterlich und auch nicht rechthaberisch vor. Sie wirkten spontan und nicht einstudiert, echt und nicht gesucht, natürlich und nicht gestelzt. Seine Binsenwahrheiten wirkten wahrlich nicht wie Cliches."
Die Summe all dessen ließ ihn schließlich zum „Duz-Bruder der Nation" („Nürnberger Nachrichten") werden. Ein Duz-Bruder freilich, der seinerseits alle Spieler siezte. Das gehörte zu Herbergers Stil – auch im Trainingsanzug...

Sepp Herberger war ein großer Denker und Stratege: man nannte ihn nicht umsonst den „Weisen von der Bergstraße". Selbst Mao war ihm nicht fremd.

Stars – die unvergessen bleiben!

Sepp Maier, Franz Beckenbauer und Gerd Müller – um nur einige zu nennen – sind die Super-Stars von heute. Jedes Kind kennt sie... Doch auch bereits früher wurde guter Fußball gespielt – man denke nur an Stuhlfauth, Szepan, Lehner und wie sie alle heißen. Diese unvergessenen Stars von einst kennt nicht jedes Kind von heute, was einerseits logisch, andererseits jedoch durchaus bedauerlich ist. Was ein richtiger Fußball-Fan ist, der sollte auch über die Cracks von einst Bescheid wissen!
Jene Größen der Vergangenheit werden auf den kommenden Seiten dieses Buches beschrieben. Verfaßt hat dieses „Nostalgie-Kapitel" der Fürther Hans Fiederer, Chefkommentator des „kicker-sportmagazin". Fiederer – geboren am 21. Januar 1920 – kannte die Persönlichkeiten, die er hier beschreibt, fast alle persönlich, denn: er war selbst Nationalspieler! Mit acht Jahren begann er bei der SpVgg Fürth zu kicken, wurde bereits mit 16 in der 1. Mannschaft des Klubs aufgestellt und absolvierte schon mit 18 sein erstes (inoffizielles) Länderspiel – in Sofia gegen Bulgarien. Insgesamt kam es zu sechs Berufungen in die Nationalmannschaft, ehe die Karriere ein jähes und bitteres Ende fand: aufgrund einer Kriegsverletzung mußte Hans Fiederer im Alter von 22 Jahren ein Bein amputiert werden.
Hans Fiederer hat für dieses Buch eine „ewige deutsche Elf bis 1945" nominiert, dazu sieben „Ersatzspieler", so daß sich ein komplettes „18er-Aufgebot" ergibt. Bemerkenswert: wie in die „Ewige Elf nach 1945" wurde der Kaiserslauterer Fritz Walter auch in das Team vor 45 aufgenommen!
Ist von Kick-Nostalgie die Rede, taucht stets auch gleich die Frage auf, ob früher besserer Fußball als heute gespielt wurde. Fiederer nimmt zu diesem Thema im gegenüberstehenden Kommentar Stellung. Im Anschluß an diesen Kommentar findet der Leser dann Fiederers „Aufstellung" (bitte umblättern) und schließlich die Porträts. Es bleibt nur noch zu wünschen: Viel Spaß beim Blick in die Vergangenheit!

Wurde früher besserer Fußball gespielt?

Auch nach Studium dieses vielseitigen Buches wird die ewig junge Diskussion aufflammen: Spielte man früher besser als heute? Eine befriedigende Antwort auf dieses heiße Thema wird es nie geben...
Wenn ich die legendären Namen wie Stuhlfauth, Dr. Kalb, Szepan und Richard Hofmann genüßlich an mir vorüber ziehen lasse, komme ich zum Urteil: früher herrschten mehr mehr Persönlichkeiten! Früher wurde schönerer Fußball gespielt! Früher wurde nicht so unerbittlich gedeckt! Der Ball konnte behutsamer behandelt werden, ohne daß gleich ein Deckungsspieler auf die Beine klopfte.
Mit dieser Deckungsmethode konnten Persönlichkeiten wie Ander Kupfer oder Ed Conen oder Adolf Urban ihr Spiel großzügiger aufziehen, sie konnten ihren Stil prägen — zum Genuß der Zuschauer, die es noch heute ablehnen, nur erbitterte Duelle Mann gegen Mann zu erleben.
Früher bestimmten weitgehend unerreichte Persönlichkeiten das Spielgeschehen. Nach 1945 bevorzugten Seppl Herberger und Helmut Schön die Blockbildung.
Ein Musterbeispiel für Vereinsblöcke lieferte Herberger in der Vorbereitung zur Weltmeisterschaft 1954 in der Schweiz. Herbergers Lieblingsschüler vom 1. FC Kaiserslautern wurden bekanntlich von Außenseiter Hannover 96 im deutschen Endspiel gnadenlos (5:1) auseinandergenommen. Die Reaktion der Fans: bloß nicht mit den gedemütigten Lauterern zur Weltmeisterschaft!
Der konservative Herberger verteidigte seinen Plan: das Aufgebot für die Schweiz wurde mit der Blockbildung aus Kaiserslautern bevorzugt. Der unwiderstehliche Marsch in Richtung Weltmeisterschaft gab dem kühlen Rechner aus Hohensachsen recht. Seine Blockbildung setzte sich überzeugend durch.
Zurück zu den Persönlichkeiten. Die begnadeten Ballästheten Fritz Szepan oder Ed Conen oder Hans Kalb prägten den Stil ihrer Mannschaften, Mitspieler paßten sich dem Dirigenten willig an. Daraus entstand die vielgerühmte Harmonie. In Schalke tanzte der berühmte Kreisel. In Stuttgart brillierte man mit dem unersetzlichen Spiel ohne Ball, wo Tore am laufenden Band praktiziert wurden. In Nürnberg brillierte Kalb.

Mit dem Ball konnten die Alten alles. Die Spieler von damals büffelten nicht in so vielen Trainingsstunden. Statt dessen versammelten sie sich freiwillig zu aufgelockerten Trainingsübungen wie zur Freizeitgymnastik. Dort wurde der Grundstein für die unzähligen Erfolge von Schalke, Nürnberg und des Dresdener SC gelegt. Mein Fazit: früher wurde schönerer und erfolgreicherer Fußball gespielt. Weniger mit der urwüchsigen Kraft als vielmehr mit der oft künstlerischen Begabung, den Ball in allen Lagen tanzen zu lassen...

Die „ewige deutsche Elf" vor 1945

Heiner Stuhlfauth (1. FC Nürnberg)

Paul Janes (Fortuna Düsseldorf) — Reinhold Münzenberg (Alemannia Aachen)

Ander Kupfer (Schweinfurt 05) — Dr. Hans Kalb (1. FC Nürnberg) — Fritz Szepan (Schalke 04)

Ernst Lehner (Schwaben Augsburg) — Fritz Walter (1. FC Kaiserslaut.) — Edmund Conen (Stuttgarter Kickers) — Richard Hofmann (Dresdner SC) — Adold Urban (Schalke 04)

Zum „18er-Aufgebot" von Hans Fiederer gehören außerdem noch:

Torwart:	Hans Jakob (Jahn Regensburg) und Willibald Kress (Rot-Weiß-Frankfurt)
Verteidiger:	Hans Stubb (Eintracht Frankfurt)
Mittelläufer:	Ludwig Leinberger (SpVgg Fürth)
Stopper:	Lutte Goldbrunner (Bayern München)
Außenläufer:	Alban Kitzinger (Schweinfurt 05)
Stürmer:	Otto Siffling (Waldhof Mannheim)

Heiner Stuhlfauth

11. Januar 1896 – 12. September 1966

Verein 1. FC Nürnberg

Länderspiele 21 zwischen 1920/30

Größte Erfolge Fünfmal Deutscher Meister mit dem 1. FC Nürnberg und zwar 1920, 1921, 1924, 1925 und 1927.

Wir trafen uns jeden Freitagabend in einer hellen Wirtschaft in Nürnbergs verträumten Gassen. Heiner Stuhlfauth kam von der Arbeit, ich aus der Redaktion. Der Nürnberger Meisterhüter stand in Diensten der Shell-AG am richtigen Fleck. Stuhlfauth führte Filme vor, die deutsche Endspiele, vor allem aber Weltmeisterschats-Begegnungen frisch vom Schneidetisch servierten. Was den beherrschten, charmanten Plauderer Stuhlfauth auszeichnete, war das Gespür, was sein Filmpublikum verlangte. Bald stand nicht mehr der Streifen, sondern die mächtige Figur Heiner Stuhlfauths im Mittelpunkt. Interessante Fragen prasselten auf den Nürnberger Hünen nieder. Oft wurde geforscht, wie konnte der 1. FC Nürnberg 1920 Deutscher Meister werden, ohne in der Endrunde nur ein Tor zu kassieren? Hier die Stationen: VfB Leipzig 2:0, Titania Stettin 3:0, Endspiel SpVgg Fürth 2:0. Stuhlfauth stellte den Zuschauern das Abwehr-Bollwerk vor, das dieses Zu-Null garantierte: Stuhlfauth, Bark, Dr. Steinlein, Kugler, Dr. Kalb, Riegel. Darauf: Stichwort Vereinstreue. Bei Stuhlfauth, der für den „Club" 605 Spiele mitmachte, wurde rühmend festgestellt, daß er allein seinem „Club" gehörte. Bezeichnend für die vorbildliche Haltung Stuhlfauths, daß er jedem geduldig Autogramme schenkte. Er signierte: Heiner Stuhlfauth, 1. FC Nürnberg. Das Gütezeichen „1. FCN" wurde immer festgehalten...

Paul Janes

Geboren	11. März 1912
Verein	Fortuna Düsseldorf
Länderspiele	71 zwischen 1932 und 1942 (7 Tore erzielt und 31mal als Kapitän fungiert)
Größte Erfolge	Deutscher Meister 1933 mit Fortuna Düsseldorf, WM-Teilnahme 1934 (3. Platz) und 1938 (im Achtelfinale ausgeschieden).

Der große „K" charakterisieren würdig den ungewöhnlichen Weg von Paul Janes: Kapitän, Kumpel, Kanonier! 31mal führte die rheinische Frohnatur eine deutsche Nationalmannschaft in ein Länderspiel. Seine Autorität kam jedem seiner Freunde zugute. Der Paul konnte führen, aufmuntern, Lob spenden, aber auch kritisch mahnen. Er stellte sich in vielen Belangen vor seine Kameraden, Paul setzte selbst gegen Seppl Herberger seine fundierte Meinung durch. Kumpel Janes. Während seines 65. Geburtstages diskutierte ich leidenschaftslos mit dem Scharfschützen. Thema Nr. 1: die unglaubliche Präzision bei Freistößen und bei Elfmeterbällen. Wie hat er das gemacht? Wie kann man diese Art, Freistöße direkt zu verwandeln, der nachdrängenden Jugend vermitteln? Janes' zurückhaltende Antwort: man muß sich in der gegnerischen Mauer eine Lücke suchen und durchzielen. So leicht geht das! An ein Freistoßtor entsinnt sich Scharfschütze Janes besonders intensiv. Länderspiel gegen Ungarn in Budapest (3.5.1942). Paul noch erregt: „Wir lagen zur Pause 1:3 hinten. Gleich nach dem Wechsel Freistoß für uns aus 25 m Entfernung. Wie ein Strich sauste mein Freistoßball an der Mauer vorbei, nur mehr 2:3. Das Ende kennst Du. Wir feierten einen triumphalen 5:3-Erfolg." Heute noch ist Janes gern gesehener Gast im Düsseldorfer Rhein-Stadion. Er bangt um seine Fortuna.

Reinhold Münzenberg

Geboren	25. Januar 1909
Verein	Alemannia Aachen
Länderspiele	41 zwischen 1930 und 1939
Größte Erfolge	WM-Teilnahme 1934 (3. Platz) und 1938 (im Achtelfinale ausgeschieden)

Denk' ich an Matthews in der Nacht, bin ich um meinen Schlaf gebracht... Dieser nach Heinrich Heine abgewandelte Stoßseufzer verfolgte Reinhold Münzenberg wochenlang. Der 4.12.1935 war für den Aachener unvergeßlich. Deutschland wurde von Lehrmeister England in London 3:0 abgefertigt. Es war weniger das schmeichelhafte Resultat als vielmehr die Art, wie die deutsche Elf vor den britischen Profis kapitulierte. Im Mittelpunkt dieser „Hinrichtung", wie ein bekannter britischer Kritiker vernichtend schrieb, stand das Duell Stan Matthews contra Reinhold Münzenberg. Dem „eisernen Reinhold" wollte gegen den Dribbelkünstler Stan nichts gelingen. Griff Münzenberg energievoll an, genügte dem Engländer eine kurze Täuschung – vorbei war er. London wurde zur schwärzesten Stunde in der bewegten Laufbahn Münzenbergs. Dem Aachener gelang wohltuende Revanche zwei Jahre später. Trotz des 3:6 gegen Lehrmeister England war der triumphale Sieger im Duell mit den Briten – der strahlende Reinhold Münzenberg. Der gerissene Stan wurde, wie nie in seiner brillanten Laufbahn, von dem gerissenen Münzenberg gebändigt. Der vielseitige Münzenberg brachte es beruflich zu einem geschätzten Geschäftsmann im Baufach. Rückblende auf eine tragische Stunde: im Pariser Länderspiel gegen Frankreich unterlief Reinhold der einzige Treffer – ein Eigentor.

Ander Kupfer

Geboren	7. Mai 1914
Verein	Schweinfurt 05
Länderspiele	44 zwischen 1937 und 1950 (1 Tor erzielt und 1mal als Kapitän fungiert)
Größte Erfolge	1938 Mitglied der Europaauswahl in einem Spiel gegen England; WM-Teilnahme 1938 (im Achtelfinale ausgeschieden)

Wenn Seppl Herberger im engsten Kreis Nationalspieler einstufte und von Weltklasse schwärmte, beschränkte er sich auf eine Handvoll von Kandidaten. Ander Kupfer (650 Spiele für Schweinfurt 05) war immer dabei. Ich kenne keinen Spieler, der mit sich und dem Gegner im Duell so schonungslos umging. Ander nahm keine Rücksicht. Wir standen zwischen 1938 und 1942 über 20mal für den Gau Bayern in einem Team. Er gab mir stets den Rat des Weisen. Acht Tage später prallten wir im Verein aufeinander. Er sah nicht mehr den Kumpel in mir, sondern den Rivalen, den Gegner, den er unerbittlich bekämpfte. Ander Kupfer war eine Ausnahmeerscheinung im europäischen Fußball. Seine Stärke war der linke Fuß, den er mit langen Pässen, aber auch in der direkten Kombination spezialisierte. Trotz des guten linken Fußes zog es Ander stets in die rechte Seitenläuferrolle. Seine Begründung: „Mit dem linken Fuß beherrsche ich auf der rechten Seite Dreiviertel des Feldes." Kupfers internationale Auszeichnung: er stand zusammen mit Albin Kitzinger 1938 in der Europa-Auswahl, die England 0:3 unterlag. Der Psychologe Herberger holte Ander Kupfer 1950 erneut als Kapitän in die deutsche Mannschaft. Der damals 36jährige Schweinfurter bildete den Rückhalt in einer Elf, die die Schweiz 1:0 besiegte...

Dr. Hans Kalb

3. August 1899 – 5. April 1945

Verein	681 Spiele für den 1. FC Nürnberg
Länderspiele	15 zwischen 1920 und 1928 (2 Tore erzielt und 4mal als Kapitän fungiert)
Größte Erfolge	Fünfmal Deutscher Meister mit dem 1. FC Nürnberg in den Jahren 1920, 1921, 1924, 1925 und 1927; Olympiateilnehmer 1928

Mit dem mächtigen Hans Kalb wuchs der 1. FC Nürnberg zur Festung im deutschen Fußball. Eine Macht. Der tiefschürfende charmante Plauderer Richard Kirn sieht Kalb so: „Er war der Abgott meiner jungen Jahre. Wenn man jung ist, braucht man einen Helden. Mein Held war Hans Kalb. Ich beobachtete aus der Entfernung die Duelle, die sich Kalb mit anderen großen Mittelläufern Europas lieferte, etwa mit Kada von Sparta Prag. Es entsetzte mich, als Kalb vor dem deutschen Endspiel gegen den HSV 1922 in Frankfurt bei der Eintracht ein Bein brach. So wurde verhindert, daß der „Club" seine dritte Meisterschaft hintereinander machte. Kalb war das Herz des Spiels. Er trieb seine Mannschaft nicht nur mit steilen Pässen, sondern auch mit lauten Zurufen an. Auf den Flügeln lauerten Sutor und Strobel, später auch Baptist Reinmann. Der stärkste Eindruck aber war, wie der mächtige Mann, wenn er vom Gegner eingekreist war, den Ball wie ein Tänzer in seiner Gewalt behielt. Es wunderte mich nicht, als Herberger in einem Fersehinterview nach der besten deutschen Mannschaft aller Zeiten befragt, erst den Namen Kalb mit Kreide an die schwarze Tafel schrieb. Um ihn baute er die Mannschaft auf..." Der angesehene Zahnarzt Kalb brachte es auch im Tennis zur Perfektion. Bayerische Spitzenklasse. Als Kalb Schluß mache, zog es ihn zu den Schiedsrichtern. Er wirkte auch hier autoritär, aber mit Ausstrahlung.

Fritz Szepan

2. Sept. 1907 – 14. Dez. 1974

Verein	Schalke 04
Länderspiele	34 zwischen 1929 und 1939 (8 Tore erzielt und 30mal als Kapitän
Größte Erfolge	Sechsmal Deutscher Meister mit Schalke 04 und zwar 1934, 1935, 1937, 1939, 1940 und 1942, Deutscher Pokalsieger mit Schalke 04 im Jahre 1937; WM-Teilnahme 1934 (3. Platz) und 1938

Der blonde Fritz Szepan vom Schalker Markt war vielseitig begabt, auf allen Posten daheim. Der kühl planende Filigrantechniker zementierte zusammen mit Schwager Ernst Kuzorra ein Schalke, das jahrelang unschlagbar galt. Szepan suchte die kunstvolle Kombination, die den Gegner so verwirrte, daß man bald vom „Schalker Kreisel" sprach. Inmitten dieses Kreisels wurde der Gegner gehetzt, genarrt, bis zur Erschöpfung getrieben. Deutschland unterlag 1925 in London Lehrmeister England 0:3. Trotz des Triumphes schwärmten die britischen Zeitungen vom deutschen Blondschopf, dem „Snowball". Ballästhet Szepan hätte in jeder englischen Profielf mitmischen können. Ihn trieb es jedoch wieder in das heimische Schalke zurück, in das Schalke, das Talente aus dem Boden stampfte. Es zeichnet treffend das beispielhafte Verhältnis von Szepan zu Schwager Kuzorra, der wegen seiner Machtfülle „Majestät" genannt wurde: Der energische Kuzorra trug in Schalke die Kapitänsbinde. In der Nationalmannschaft übertrug man dem feinnervigen Szepan dieses Amt. Ich spielte 1941 in der Pariser Soldatenelf im Prinzenpark gegen Schalke. Paris bestand aus elf Nationalspielern. Für mich unvergeßlich: als Schalke 3:1 führte, ließ es den „Kreisel" tanzen. Verwirrend für den Gegner, unnachahmlich jeder in der Kontrolle des Balles, die eigene Spielfreude steigernd, den Gegner entnervend.

Ernst Lehner

Geboren	7. November 1912
Verein	Schwaben Augsburg
Länderspiele	65 zwischen 1933 und 1942 (30 Tore erzielt)
Größte Erfolge	WM-Teilnahme 1934 (3. Platz) und 1938 (im Achtelfinale ausgeschieden); Olympia-Teilnahme 1936 (im Viertelfinale ausgeschieden); 1937 Mitglied der Europa-Auswahl

Ernst Lehner glänzte unter seinen Augsburger Schwaben — wie ein Filmschauspieler: elegant gekleidet, wurde er von Frauen wie von Autogrammjägern jeden Alters umschwärmt. Kaum zu glauben, daß der dunkelhaarige Lehner sich und seinen Schwaben stets treu blieb. Man kann nur ahnen, mit welchen Ablösesummen die Klubs heute den antrittsschnellen Rechtsaußen locken würden. Angebote lagen sicher auch damals aus dem Westen (Schalke und Fortuna Düsseldorf), vor allem aber südlich der Mainlinie (Nürnberg und München) vor. Die Schwaben spielten mit ihren Sturmassen Lehner, Schorsch Lechner und Reh ihren eigenen Stil. Angriff um jeden Preis! Ernst Lehner ist nie ein Mann großer Worte gewesen. Er schätzte den geselligen Kreis zum fachlichen Plaudern. Wo der Schwabe auftauchte, blühte der Flachs. Es spricht für die Vielseitigkeit Lehners, daß er, 35 geworden, aus beruflichen Gründen nach Aschaffenburg wechselte und dort im Innentrio Regie führte. Freistöße aus 30 und mehr Metern waren keine Seltenheit. Der 65fache, außergewöhnlich populäre Augsburger Internationale entsinnt sich eines Länderspiels besonders gern. Man schrieb den 26.11.1939. Berlin erwartete Weltmeister Italien. Auf morastigem Spielgrund sprengte der deutsche Angriff die italienische Deckungsfestung. Unvergeßlich der Angriff mit Lehner, Hahnemann, Conen, Binder und Pesser, toll das Ergebnis: 5:2!

Fritz Walter

Geboren	31. Oktober 1920
Verein	1. FC Kaiserslautern
Länderspiele	61 zwischen 1940 und 1958 (33 Tore erzielt und 30mal als Kapitän fungiert)
Größte Erfolge	WM-Teilnahme 1954 (Weltmeister) und 1958 (4. Platz); Deutscher Meister mit dem 1. FC Kaiserslautern in den Jahren 1951 und 1953.

Wer von Kaiserslautern spricht, erwähnt schwärmend Fritz Walter. Der 61-fache Internationale hat sich um seine Vaterstadt verdient gemacht – sportlich. Ich stand als Halblinker neben dem „großen Fritz" in seinem ersten Länderspiel. Reichstrainer Herberger hatte seinen Willen durchgesetzt: fünf 20jährige sollten sich gegen Rumänien bewähren, das eben aus Rom kam und gegen Weltmeister Italien in letzter Minute 1:2 unterlag. Wir kamen am Freitagabend vor dem Spieltag in Frankfurt zusammen. Samstagvormittag wurde leicht trainiert und dennoch wurde der Spieltag zum großen Triumph des experimentierfreudigen Herberger. Halbzeit 4:0, Ende 9:3. Fritz Walter und ich streiften nach dem stolzen 9:3 kurz die für den Lauterer berauschenden 90 Minuten. Hier will ich meinen Eindruck wiedergeben: Fritz Walter, einem Rastelli gleich, erreichte Bälle und servierte sie uns, daß man schier erschrak, wenn das Leder ankam. Mit Traumfußball – schöner, kunstvoller, aber auch erfolgreicher konnte man sein Debut nicht feiern! Seppl Herberger hielt 1954 an dem Lauterer Stamm unbeirrbar fest, der für die Weltmeisterschaft vorgesehen war. Kaiserslautern unterlag bekanntlich im deutschen Endspiel Hannover 96 1:5. Fritz Walter, Ottmar Walter, Liebrich, Eckel und Kohlmeyer dankten es dem „Chef" auf ihre Art. Fritz Walter am Dirigentenpult. Selbst der Ungar Puskas applaudierte dem deutschen Kapitän.

Edmund Conen

Geboren	10. November 1914
Verein	FV Saarbrücken und Stuttgarter Kickers
Länderspiele	28 zwischen 1934 und 1942 (27 Tore erzielt)
Größte Erfolge	WM-Teilnahme 1934 (3. Platz)

Eine Abwehrsäule im weltberühmten österreichischen Wunderteam, Karl Sesta, erkundigte sich bei mir bei jedem Wiener Besuch: „Was macht denn der hochaufgeschossene blonde Mittelstürmer? Der trat bei der Weltmeisterschaft in Italien (1934) so elegant wie unser Sindelar auf. Aber dieser Conen wirkte noch zielstrebiger!" Deutschland triumphierte bekanntlich bei der WM 1934 mit 3:2 über Österreich. Dieser dritte Platz war die Fußball-Welt-Sensation: deutsche Amateure hatten die prominente Profi-Garde gesprengt. Wenn man Ed Conen nach seinem Erfolgsrezept fragte, zuckte er wie hilfesuchend: „Ich war stets in Bewegung, ich stand keine Sekunde, selbst dann nicht, wenn der Ball außer Reichweite war." Conen, eher zierlich, wich auf diese Weise seinen Gegenspielern aus. Conen wurde zum Schrecken der gegnerischen Stopper, die mit breiter Brust und hartem Einsteigen ihre Gegenspieler ausschalteten. Ich kenne keinen Mittelstürmer, der sich so weit zurückzog, schon im Mittelfeld die Kombination bereicherte und blitzartig in die „Gasse" spritzte, wenn ihn der Steilpaß schickte. Nur seiner Treffsicherheit ist es zu verdanken, daß der elegante Conen in 28 Länderspielen 27 Tore schoß. Ich kenne kein Innentrio, das so, meist im direkten Zick-Zack-Paß, kombinieren konnte, ich meine Willi Hahnemann, Ed Conen und Fritz Walter. Eine Augenweide...

Richard Hofmann

Geboren	8. Februar 1906
Verein	Meerane 07 und Dresdner SC
Länderspiele	25 zwischen 1927 und 1933 (24 Tore erzielt und 4mal als Kapitän
Größte Erfolge	Deutscher Meister mit dem Dresdner SC in den Jahren 1943 und 1944, Deutscher Pokalsieger mit dem Dresdner SC im Jahre 1941; Olympiateilnahme 1928

„König Richard", wie ihn seine Freunde respektvoll ehrten, zeichnete sich durch urwüchsige Schußkraft aus. Sein Geheimnis: kurzer Fuß und hoher Rist. Dadurch traf er jeden Ball voll mit dem Spann. Es ist einmalig in der bewegten deutschen Länderspiel-Geschichte, daß Hofmann in einem Länderspiel (gegen Schweden am 23.6.1929 in Köln) sage und schreibe sechs Tore schoß. Bei diesem 3:0 Triumph konnten jedoch nur drei anerkannt werden. Der „Kicker" sah diese Trefferflut kritisch: „Aus den deutschen Schlußangriffen formte Wunderknabe Richard die dritte Tor-Perle. Albrecht flankte, Hofmann griff sich das Leder, er drückte den Ball schußgerecht zu Boden und knallte los." Der Hat-trick – ein großer Erfolg. Noch mit 37 Jahren feierte Richard Hofmann beispiellose Triumphe. Der aus Meerane stammende Scharfschütze stand beim Dresdener SC in zwei Endspiel-Mannschaften: 1943 gegen den FV Saarbrücken, als Mittelstürmer zwischen Helmut Schön und Schaffer. Ein Jahr später wurde der LSV Hamburg im Berliner Olympiastadion 4:0 niedergespielt. Diesmal stand Richard auf seinem angestammten Posten in der halblinken Verbindung. Ein tragischer Motorradunfall stoppte Hofmanns raketenartig aufsteigende Laufbahn. Richard verlor dabei ein Ohr. Zum Schutz trug der Dresdener fortan eine Schutzklappe. Hofmann war nach dem Krieg in der DDR als Trainer tätig – mit Erfolg.

Adolf Urban

9. Januar 1914 – 23. Mai 1943

Verein	Schalke 04
Länderspiele	21 zwischen 1935 und 1942 (11 Tore erzielt)

Adolf Urban war ein typisches Gewächs aus dem Kohlenpott. Dort stampfte man die Talente aus dem Boden. „Allan" war ehrgeizig und im Kreis seiner Nationalspieler-Kollegen voll sprühender Laune. Der witzige Schalker kannte keine Konkurrenz, die er mißtrauisch verfolgte. Er suchte bewußt die Nähe dieser Nationalspieler, die Anspruch auf „seinen" Linksaußen-Posten erhoben. Willi Arlt, Ludwig Gärtner (aus Lorsch), August Klingler (aus Daxlanden) und ich, alles Talente, eben 18 geworden, waren dennoch Urbans angenehmste Gesprächspartner. Aufgeschlossen schilderte Urban, wie er als junger Dachs in die legendäre Schalker Mannschaft hineingewachsen ist, wie er sich von seinen Vorbildern Kuzorra, Szepan, Kalwitzki, Tibulski und Gellesch Tricks und Ballbehandlung abluchste. Zwischen 1935 und 1942 holte sich das unaufhaltsam nach oben drängende Schalke fünf deutsche Titel. Fünfmal mit Allan Urban auf dem linken Flügel. Im torreichsten Endspiel – dem 9:0 von 1939 über Admira Wien – wuchs das ballzaubernde Schalke über sich hinaus. Der Angriff mit Eppenhoff, Szepan, Kalwitzki, Kuzorra und Urban ließ den „Kreisel" verwirrend tanzen. Ernst Kuzorra heute über Urban: „Allan war ein echter Schalker Junge. Er war an sich gelernter Halbrechter. In Schalke wurde er zum Linksaußen umgeschult – ihm machte das Spaß. Er konnte alles: gefühlvoll flanken, kombinieren und Tore schießen."

Hans Jakob

Geboren 16. Juni 1908

Verein Jahn Regensburg

Länderspiele 38 zwischen 1930 und 1939

Größte Erfolge WM-Teilnahme 1938 (im Achtelfinale ausgeschieden); Olympia-Teilnahme 1936 (im Viertelfinale ausgeschieden); Mitglied der Europa-Auswahl von 1937.

Torwart-Riese Jakob aus Regensburg war aufgeschlossen und liebenswürdig zu jedermann. Überall flogen dem 1,92 m-Hünen Sympathien zu, obwohl sein ‚Jahn' oft saftige Niederlagen einstecken mußte – er war nicht immer Hans im Glück. Bei Jakob wurde Vereinstreue groß geschrieben. Wie oft hätte er den Klub wechseln können. Er war gleichzeitig Mitglied seines Lieblingsvereins Bayern München. Heute noch fährt Jakl zu jedem Heimspiel der Bayern. Von 1930 bis 39 stand Jakob im Tor der Nationalmannschaft. Seine größte Prüfung? Die Weltmeisterschaft 1934 in Italien. Willibald Kress war gegen die Tschechoslowakei nicht in bester Form. So mußte Jakob im Kampf um den dritten Platz gegen Österreich ran. Das sensationelle 3:2 über das Wunderteam und damit der Gewinn der Bronzemedaille wurden zum persönlichen Triumph des ausgeglichenen Jakl. Eine Partie blieb dem Regensburger unvergeßlich, obwohl er gleich sechsmal hinter sich greifen mußte: das 3:6 gegen England in Berlin. Der Regensburger Schlußmann heute noch fassungslos: „Bei jeder Ecke, bei jedem Flankenball stemmten sich mir zwei Engländer entgegen. Mit brillantem Kopfballspiel und unerhörtem Körpereinsatz übertrafen die Briten alles, was bisher auf mich zukam." Hans Jakob war vielseitig. Als Ausgleichstraining sprintete er über die Hürden. Über 110 m wurde er wiederholt bayerischer Meister – in Rekordzeit.

Willibald Kreß

Geboren	13. November 1906
Verein	Rot-Weiß Frankfurt, Dresdner SC und FSV Frankfurt
Länderspiele	16 zwischen 1929 und 1934
Größte Erfolge	Deutscher Meister mit dem Dresdner SC in den Jahren 1943 und 1944; Deutscher Pokalsieger mit dem Dresdner SC in den Jahren 1940 und 1941 WM-Teilnahme 1934

Wie ein vollendeter Kavalier bewegt sich Willibald Kress heute außerhalb des Spielfeldes. Der gebürtige Frankfurter trainiert noch mit 70 – dreimal in der Woche. Zufällig kam Kress ins Tor. Am Samstag wurde er als Feldspieler gebraucht, 24 Stunden später bei Rotweiß Frankfurt ins Tor gestellt. Man versuchte es mit dem begabten Mann – erfolgreich. So wurde die dynamische Laufbahn eines deutschen Nationalspielers gezeichnet. Willibald führte Rotweiß Frankfurt (von 1917 bis 1933) mit diplomatischem Geschick an die Frankfurter Konkurrenz FSV und Eintracht heran. Die vorbildliche Freundschaft zu Richard Hofmann und Helmut Schön bildete die Grundlage zum willkommenen Sprung von Frankfurt nach Dresden. Heute noch schwärmt Kress in höchsten Tönen vom Dresdener SC, so „einfach alles stimmte": ein weitsichtiger Vorstand, ein englischer Trainer, der mit neuen Ideen das Spiel antrieb und eine Mannschaft aus Freunden, die in die Elite deutscher Klubs vorstieß. Nach der Gefangenschaft zog es den fast 40jährigen Kress zum FSV Frankfurt, wo zu diesem Zeitpunkt ein überdurchschnittlicher Schlußmann gesucht wurde. Kress wurde für die nachdrängende Jugend Vorbild als Torhüter, der kaum einmal durch den Torraum hechtete. Kress war Stellungskünstler, ein Meister der Fangkunst, alles im Training erlernt.

Hans Stubb

8. Oktober 1906 – 19. März 1973

Verein Eintracht Frankfurt

Länderspiele 10 zwischen 1930 und 1934 (1 Tor erzielt – und zwar mittels eines Freistoßes aus 60 m Entfernung!)

Es gibt kein Verteidiger-Paar aus einem Verein, dem man auch in der Nationalmannschaft vertraute. Schütz–Stubb wurden in den 30er Jahren zum Gütezeichen überragender Abwehrleistungen. Unterschiedliche Temperamente ergänzten sich. Der ungestüme, lebhafte Stubb paßte idal zu dem besonnenen Franz Schütz. Die beiden Frankfurter feierten gegen Lehrmeister England im Mai 1930 ihren größten Triumph. Beim 3:3 bissen sich die Briten an ihnen die Zähne aus. Das Frankfurter Abwehrbollwerk wuchs beim wütenden englischen Schlußspurt zu einer undurchdringlichen Festung. Erst kürzlich plauderten wir im vertrauten Frankfurter Eintracht-Kreis am Riederwald über Hennes Stubb, den Verteidiger mit Gardemaß. Bei aller Härte und Verbissenheit im Nahkampf zeichnete man Stubb bei der Eintracht mit dem Fair-Play-Preis aus. Hennes Stubb erzielte in seiner bewegten Laufbahn ein Tor für Deutschland. Es war beim 3:1 (am 14.1. 1934 in Frankfurt) über Ungarn. Dieser Volltreffer, aus über 60 m-Entfernung erzielt, ging beispielhaft in die deutsche Länderspiel-Geschichte ein. Der ‚Kicker' erinnert sich: „54. Minute: häßliches Foul des Ungarn Toldi an Öhm – Freistoß aus über 60 m. Stubb legt sich den Ball zurecht, nimmt einen großen Anlauf und tritt den Ball über alle Köpfe hinweg ins rechte obere Eck. Zwei Ungarn hechten nach dem Ball – vergebens. Das 3:1 gibt nun Deutschland mächtig Auftrieb..."

Ludwig Leinberger

21. Mai 1903 – 3. März 1943

Verein SpVgg Fürth

Länderspiele 24 zwischen 1927 und 1933

Ludwig (Habberer) Leinberger galt als Lieblingsschüler des übertrieben ehrgeizigen Professors Otto Nerz. Der Fürther Offensiv-Mittelläufer rückte besonders bei theoretischen Ideen in die Nähe von Nerz. Leinberger hegte kein Geheimnis aus seiner vielseitigen Lehr-Machart: er versuchte die englische Spielmethode in die deutschen Vereine zu tragen. Der Fürther Mittelläufer wurde als Gausportlehrer leidenschaftlicher Verfechter der Nerzschen Theorie. Fußballehrer Leinberger stellte hohe Ansprüche. Beispiel: Lehrgang des bayerischen Nachwuchses (1937) in Schweinfurt. Zwei Kandidaten vom 1. FCN, zwei aus Fürth waren dabei. Vorbild Leinberger, der stets den Ball in den Mittelpunkt seiner Lehre stellte, forderte von den Talenten aus der einstigen Fußball-Hochburg mehr als von den anderen. Sie galten als Vorbilder in der Ballbehandlung und der Ballkunst. Der weitblickende Lehrer Leinberger verstand es meisterhaft, diesen technischen Stil zu verfeinern. Was in den 20er Jahren der massige Hans Kalb für den „Club", das bedeutete beim Fürther Kleeblatt der athletische „Habberer". Kalb wie Leinberger warfen ihre Persönlichkeit in die Waagschale. Frohnatur Leinberger war bei Lehrgängen der erste, der aus den Federn kletterte. Mit unnachahmlicher Manier verstand es der frohgemute Leinberger, seine Schützlinge auf den schweren Tag einzustimmen.

Lutte Goldbrunner

Geboren	5. März 1908
Verein	Bayern München
Länderspiele	39 zwischen 1933 und 1940 (dabei 3mal als Kapitän fungiert)
Größte Erfolge	WM-Teilnahme 1938 (im Achtelfinale ausgeschieden); Deutscher Meister 1932 mit Bayern München.

Wer den eleganten, graumelierten Ludwig Goldbrunner heute im Münchner Olympiastadion begegnet, zeigt sich verwirrt und fragt: das soll der knochenharte, bedingungslose Münchner Fighter sein, den Professor Nerz zum perfektesten Stopper umfunktionierte? „Lutte" war 1932 im deutschen Endspiel seiner Bayern gegen Eintracht Frankfurt (2:0 in Nürnberg) nur von Nationalspielern umgeben. Ein Neuling auf internationalem Parkett. Erst ein Jahr später wurde er gegen die Schweiz mit der silbernen DFB-Plakette für die erste internationale Berufung ausgezeichnet. Kein deutscher Mittelläufer (Stopper) kann sich rühmen, in kurzer Zeit gegen die populärsten Mittelstürmer angetreten zu sein. Hier die Namen, die europäische Fußball-Geschichte schrieben: Camsell-England, Langara-Spanien, Armstrong-Schottland, Piola-Italien, Sobotka-Tschechoslowakei, Bakhuys-Holland, Nicolas-Frankreich und Braine-Belgien. Alle Duelle bestand der Münchner mit Auszeichnung. „Sein Mann" wurde mit fairen Mitteln ausgeschaltet. Nur einem war nur schwer beizukommen: dem Italiener Silvio Piola. Respektvoll spricht der Münchner von dem unvergleichlichen Nahkampfgeschick, von der unnachahmlichen Kopfballwucht Piolas. Der Münchner mit den feingliedrigen Fingern war lange Jahre im Metzgerhandwerk tätig. Seine Bilanz: „Meine unvergeßlichsten Stunden waren die in der Nationalmannschaft!"

Alban Kitzinger

1. Februar 1912 – 6. August 1970

Verein	Schweinfurt 05
Länderspiele	44 zwischen 1935 und 1942 (1 Tor erzielt und 1mal als Kapitän fungiert)
Großte Erfolge	WM-Teilnahme 1938 (im Achtelfinale ausgeschieden); Mitglied der Europa-Auswahl 1937 und 1938.

Anfang der 30er Jahre ging im damals 60 000 Einwohner-Städtchen Schweinfurt der Stern eines bewundernswert zurückhaltenden Mannes auf: der von Albin Kitzinger. Dieser drahtige Seitenläufer im WM-System prägte den Stil von Schweinfurt 05. Dieses Industriestädtchen profitierte vom Industriellen Willi Sachs. Schweinfurt konnte es sich aber nicht leisten, einen hochdotierten Trainer zu engagieren. Diese zusätzliche Arbeit erledigten Kitzinger und der gleichaltrige Ander Kupfer aufopfernd. Beide standen je 44mal in der Nationalelf. Auf sie war hundertprozentiger Verlaß – in jeder Beziehung. Vom damaligen Reichstrainer Herberger erhielten beide Trainings-Hausaufgaben. Sie rackerten und schufteten ohne Trainer-Anleitung. Auf diese Weise erarbeiteten sie sich eine Kondition, zu der andere Nationalelf-Kandidaten erst in Lehrgängen kommen konnten. Der quirlige Albin, der seine Gegenspieler im unerbittlichen Nahkampf bis zur Erschöpfung ‚fertig' machen konnte, trieb es oft in den Angriff. So zeichnete sich Kitzinger zweimal in die Torschützenliste ein: 1936 beim 3:1 gegen Portugal in Lissabon und beim 1:0 ein Jahr später in Zürich gegen die Schweiz. 1938 wurde Albin Kitzinger in die Welt-Auswahl berufen, die in einem hochklassigen Spiel England 0:3 unterlag. Der kleine Albin überragte alle.

Otto Siffling

3. August 1912 – 20. Oktober 1939

Verein	Waldhof Mannheim
Länderspiele	31 zwischen 1934 und 1938 (17 Tore erzielt, davon allein 5 beim 8:0-Sieg über Dänemark)
Größte Erfolge	WM-Teilnahme 1934 (3. Platz); Olympia-Teilnahme 1936 (im Viertelfinale ausgeschieden).

Wer in den 30er Jahren von Mannheim sprach, wurde auf den Begriff der Waldhof-Buben gelenkt. Geistiger Vater dieses Sammelbeckens jugendlicher Talente am Waldhof war Otto Siffling. Sein Stil prägte das Spiel ohne Ball. Der kleine, aber geschmeidige Halbstürmer war vom Gegner kaum zu fassen. Es spricht für die hohen Qualitäten Sifflings, daß ihn Professor Nerz vor Beginn der Weltmeisterschaft 1934 in Italien in die Mannschaft einbaute. Gegen Belgien (5:2), Schweden (2:1), die Tschechoslowakei (1:2) und im Kampf um die Bronzene Medaille, dem sensationellen 3:2 über Österreich bildete Supertechniker Siffling zusammen mit Fritz Szepan den Dreh- und Angelpunkt. Sifflings geniale Art, ein Spiel zu „machen", das Spiel in Gang zu bringen und den Gegner mit verwirrenden Kombinationen zu hetzen, brachte auch seinen Klub Waldhof Mannheim in die deutsche Spitzenklasse. Am 16. Mai 1937 wurde die legendäre „Breslau-Mannschaft" geboren. Beim berauschenden 8:0 über Dänemark stimmte alles, Fußball in Vollendung! Der Angriff mit Lehner, Szepan, Siffling, Gellesch und Urban führte Rasenschach vor, daß die 6500 in Breslau in Ekstase gerieten. Fußball kunstvoll und erfolgreich. Inmitten dieses Ballwirbels schwang sich Otto Siffling sogar zum gefürchteten Torjäger auf. Als Mittelstürmer, der unermüdlich pendelte, erzielte er fünf Tore. Schrieben die Kritiker: „Alles lief über Siffling!"